¿QUIÉN DICE ‹QUE› NO SE PUEDE?

VERUZHKA RAMÍREZ

¿Quién dice que no se puede?
Veruzkha Ramírez

Corrección y edición
Editorial Negrita y Cursiva

Maracaibo, Venezuela
2018

ÍNDICE

BIOGRAFÍA

La belleza venezolana Veruzhka Tatiana Ramírez se ha destacado en el mundo entero, prueba de ello es que la joven tachirense ha logrado con esfuerzo y dedicación salir adelante, apodada por los venezolanos "La cenicienta de la belleza". Veruzhka nació un 30 de Julio del año 1979, desde muy temprana edad vivió en carne propia la pobreza extrema y el hambre en su máxima expresión, siendo hija de un rico ganadero el cual nunca la reconoció, fue abandonada por su madre cuando apenas tenía nueve años, gracias al apoyo y el gentilicio de una vecina, esta gran mujer empezó a dar sus primeros pasos para enfrentarse con los grandes obstáculos que le depararía la vida. Trabajando en las labores domesticas y en todas aquellas cosas en la cuales podía desempeñarse Veruzhka nunca perdió su horizonte el de ser una mujer exitosa. Sus fieles compañeros fueron la soledad, el hambre y el abandono, discriminada por sus orígenes humildes esta mujer logro salir adelante contra la adversidad, nadie se pensaba que una chica de servicio lograra ser "En una noche tan linda como esta" la mujer mas bella del país.

Aunque Veruzhka aun no había descubierto su potencial, le puso alma y corazón a su vida dando sus primeros pasos como reina del liceo donde cursó estudios de bachillerato. A partir de allí, surgió la oferta de participar en el Reinado de la Feria Internacional de San Sebastián, en el cual no tuvo grandes resultados pese a su belleza, siendo juzgada por no provenir de una familia de clase alta.

Agradeciendo siempre a todas las personas que la ayudaron a lo largo de su carrera y a todas las familias que le abrieron las puertas de su hogar, Familia Franco Arbeláez, Familia Contreras y Familia Sumoza Pinto, amigos, diseñadores, periodistas y a todos sus seguidores.

Lo aquí escrito se queda corto, con todas las adversidades que ha tenido que superar Veruzhka, su gran frase es "Todos merecemos una oportunidad", perdonar para que sean libres. Ya se escribirán más líneas sobre esta sorprendente mujer.

PRÓLOGO

Nunca he tenido problemas para conciliar el sueño, pero esa noche me había acostado con cierta inquietud. Miré automáticamente el monitor de Sofía y aun cuando sabía que estaba dormida, me fui caminando hasta su cuarto.

Mi esposo se había quedado trabajando hasta tarde y su respiración era profunda. Me detuve en el marco del cuarto de mi hija y temblé de emoción al percibir la punta del perfil de su nariz asomándose terca a través de sus rulos castaños y desordenados, recostados con su cabeza sobre la colcha rosada, suave y delicada. Su manito derecha sujetaba ya casi a punto de caer vencida, su muñeco favorito. No puedo dejar de verla y conmoverme hasta llorar. Con Sofía, las lágrimas se han vuelto más fáciles. Gracias a ella, entendí el amor sin límites, por encima de la propia vida.

Era su primer día del colegio, o del maternal, todavía no sé cómo llamarlo, mi niña sale de la casa a aprender, a crecer, a socializar. Sofía está por cumplir los dos años y es el ser más hermoso del mundo. Es fruto del amor, como en los cuentos de hadas, porque yo también tengo mi príncipe y se llama Oscar; a Sofía todavía no le he leído el cuento de la "Cenicienta" voy a esperar que esté más grande para que lo pueda entender, aunque quiero hacerlo antes de que alguien le diga que "Cenicienta" es una historia parecida a la de su mamá.

Llevé a Sofía en su primer día de colegio mientras trataba de explicarle como por centésima vez, en qué consistía esta nueva etapa. Iba manejando y sin darme cuenta mis ojos estaban navegando en lágrimas. Lloré mucho. Ella se despidió con la naturalidad de una rutina, con la independencia que ha mostrado desde que nació. Esa es mi niña.

Cada segundo, en cada oportunidad, la abrazo y le digo que la amo porque quiero que ella tenga lo que a mí me faltó, y aunque está claro que la seguridad y el confort son importantes, hago mi esfuerzo para que ella viva con la certeza de ser amada y protegida. Deseo que sienta también que ella nos hace muy felices, que su presencia en este mundo es para hacer el bien y que debe prepararse para ello, como una persona noble que contribuye a un mundo mejor.

Porque esta vida no es fácil. El mundo está desgastado, carente de sensibilidad, ausente de valores, a veces la gente es cruel y puede herir, hacer daño sin aportar cosas positivas.

Este día en el que Sofía comienza una etapa tan importante de su vida como es iniciar su educación formal, he decidido escribir este libro.

La historia que comparto con ustedes procura contribuir como un granito de arena en la playa, para fortalecer con un mensaje de aliento a quienes viven o han sufrido momentos difíciles. Caer en el desaliento sirve de muy poco. Es cierto, a veces los problemas nos agobian. De pequeña me costaba imaginar que podía disponer de una cama; estaba acostumbrada a dormir en el piso helado, en recovecos, o bajo las escaleras. El sueño de alcanzar tener una colcha y que alguien me diera un abrazo, se mostraba imposible.

Eso es algo que tengo presente en mi vida. Agradezco a Dios las bondades de su enseñanza y me agradezco a mí –que soy su obra- por la disciplina, la tenacidad, la capacidad de trabajo, y la fe. Cuando la vida nos coloca pruebas difíciles y logramos superarlas, luego vendrán grandes recompensas, la idea de relatar mis experiencias va unida a mi deseo de que ustedes crean que los sueños se cumplen cuando acompañamos la voluntad con buenas acciones.

Sufrí mucho cuando pequeña, me sentía como un animalito abandonado. Aún no pierdo la costumbre de pensar en comida en los momentos menos esperados, eso nos sucede a quienes hemos padecido hambre, las circunstancias de mi vida hicieron que creciera sin la compañía de mi madre, y sin un padre que ni al reconocimiento llegó. Una realidad de escasez, es más dura cuando ocurre junto a la soledad y a la ausencia de afecto, además, está el tema del bullying, cuando fui víctima de burlas y maltratos todavía no era común esa terminología que resume ser objeto de acciones despiadadas de pequeños... Y de adultos.

A mí me maltrataron, por alta, por flaca, también por rebelde y por pobre, por no tener el apellido de un padre, incluso por ser mujer. Aprendí esto: la gente mala gusta de golpear a los desválidos, y lo hace con la impunidad de imponerse sobre un ser que no tiene la fuerza para responder porque cree que los débiles no llegan lejos, que mueren en el camino. Después, muchos de los que sobreviven terminan siendo resentidos, y eso también está mal.

Pero la vida es maravillosa y a todos nos da una oportunidad, sólo hay que prepararse para cuando ese momento llegue y se debe estar muy atento porque si la dejas pasar, puede que nunca vuelva. Prepararse significa estudiar, tratar de ser mejor en lo que se emprenda, sea cual sea la misión que decidas en tu vida.

En el desarrollo de los conocimientos hay que aprender a compartir con los demás, ayudar a los otros, y multiplicar las buenas acciones.

El amor hay que reproducirlo, gritarlo, masificarlo, hay mucha gente mala en el mundo que debe ser neutralizada.

En las próximas páginas abriré mi corazón y mis brazos para que juntos inspiremos nuevas y hermosas batallas. Tomen mi mano, respiren profundo, besen a un ser querido, caminen descalzos, observen el maravilloso detalle de una hormiga trabajando, canten, vayan a un parque, esmérense en ser los mejores en su trabajo, hagan el bien, y de manera especial agradezcan a Dios por la vida.

CAPITULO I

LOS TECHOS DE
LAS CASAS

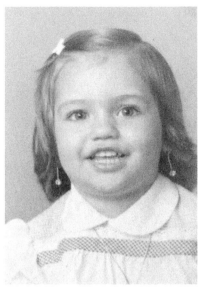

Desde pequeña era muy inquieta, solía escaparme por una de las ventanas de la casa que al escalarla daba al techo. Era un techo de ace-rolit, y yo usaba unas sandalias de plástico de la famosa animadora brasilera Xuxa, ídolo de niños. Al jugar cantábamos su himno: ilari-la-ri-lari-o, y mi escapada era brincar al techo y salir de la casa. Tenía que hacerlo, porque mi mamá nos dejaba encerrados a mi hermano Bruno y a mí. Yo cabía por esa ventana, me trepaba y terminaba en la platabanda, más de una vez terminé rodando y abollada.

Era extremadamente flaquita, lo que se traducía en decenas de sobrenombres. Me decían palillo eléctrico, mazorca, esqueleto, piroca la loca, Olivia, en fin, fui víctima de bullying. Aún después de ser Miss siguieron colocándome motes burlándose de mi origen humilde, me llamaban "ranchusca".

Cuando lograba salir de casa, iba donde la señora que vivía enfrente, la ayudaba con el jardín a cambio de comida, o me metía donde el otro vecino, el señor Palmidio. Ahí me montaba sobre el tanque y me bajaba por una escalera, o si no brincaba a la mata de guayaba, bajaba y llegaba hasta la nevera a robarle yuca fría. Todavía adoro la yuca fría. Un día de golosa me metí ansiosa en la boca todos los pedazos que pude y casi me ahogo. Con el susto, el señor me dijo: "mija, si usted quiere comer tóqueme la puerta, pero que no vuelva a pasar esto".

Una vez, cuando me hicieron un programa que se llamaba "24 Horas" que hacía el señor Napoleón Bravo, donde yo conté mi historia, hubo quienes dijeron que todo era un invento, un cuento de la huerfanita para meterme a la gente en un bolsillo, que estaba inventando una telenovela. Han pasado unos cuantos años, tiempo suficiente para comprobar que todo era verdad.

Mi mamá se llama Marlene Ramírez Medina, tiene 62 años. Tengo un solo hermano, Bruno Alfonzo Lunini Ramírez, a él sí lo reconoció su papá.

Mi madre nació en Táchira, es una mujer muy trabajadora, hacía albañilería, latonería y pintura, carpintería, lavaba y planchaba en casa de familia, prestaba servicio como mesonera en fiestas que la contrataban, yo siempre la vi trabajando, salía a las 7 de la mañana y llegaba a las 10 de la noche.

Somos dos hermanos de diferente padre, Bruno es cuatro años mayor. Él es hijo de un señor italiano que en Venezuela vivía solo pero que estaba casado allá en Italia. Mi mamá se puso a vivir con ese señor que hay que admitirlo, según me contaron, la tenía con todas sus comodidades.

Le costó salir embarazada de mi hermano. Luego el señor se murió y toda la familia viajó de Italia a Venezuela, la dejaron sin nada, lo único que le quedó fue la casa donde seguían viviendo cuando yo nací. Después conoció a mi papá, otro italiano −le gustaban los hombres de ese país- también casado, pero en Venezuela. Él nunca me aceptó como hija.

Los tres vivíamos solos, aunque mi mamá siempre tenía como la urgencia de una estabilidad sentimental, salía mucho y comíamos poco, el plato diario era sopa de fideos con cubito, o sopa de harina de trigo también con cubito. Si mamá nos llevaba un sandwich con "Cheez whiz" o una sopa de res, era un milagro

Vivíamos en Patiecitos, una población que en carrito por puesto queda a unos veinte minutos de la capital San Cristóbal, al occidente del país. Mis abuelos maternos nacieron en Bucaramanga, Colombia, de los que sólo conocí a mi nona. De la familia de mi mamá también tuve contacto con mis tíos Fernando, Heriberto, Alejandro, y mis tías Gladys, Cecilia y Maribel, todos vivían en el estado Táchira.

Mi mamá es mecanógrafa con una letra de mano estilizada. Es una morena clara, con el pelo negro azabache y ojos verdes, muy bonita, lástima que con ella tuve poca comunicación; siempre percibí que tenía preferencia por mi hermano Bruno, a él le hacía tortas, le hicieron fiesta de Primera Comunión, para Bruno era todo lo mejor, a mí me trataba como la ovejita negra, todo ese comportamiento lo he perdonado, no le guardo rencor.

He tratado de entender qué ocurrió para su abandono y desamor. Creo que trató de buscar cobijo en mi papá y al ser despreciada sufrió porque cuando nací, a pesar de mis rizos y ojos verdes, fui rechazada por él, y nunca me reconoció, y para los efectos, ella también me rechazó.

Mi madre nunca perdió la esperanza de conseguir su

sueño de pareja. Entre la gente que pasó por mi casa recuerdo un padrastro que tuve, un banderillero de Caracas llamado Jesús Armando Machado Cordobés, es la única persona que le decía a mi mamá "Vamos a casarnos, vamos a tener una familia, yo le doy el apellido a la niña", él me llevó a conocer el mar, tengo clavadita en mi memoria La Guaira y la primera vez que vi el mar –no imaginan toda al agua que tragué ese día-, también me llevó a corridas de toros. Después mi mamá conoció a una muchacha que yo digo que fue como la mala semilla, que era muy de la calle.

Para cuanta fiesta había, sonsacaba a mi mamá, que, si "Los Originales" se presentaban en Lobatera, para allá iban; que, si Pastor López se presentaba en Cúcuta, allá paraban.

Mi mamá sabía que yo iba donde la señora Luzmila, una mujer buena, modista, que hacía los trajes de las reinas de San Sebastián. Ella tenía dos hijas de veintiuno y diecinueve –como la historia de la "Cenicienta" con las dos hermanastras- y bastante tiempo después salió embarazada de un niño, luego de haber hecho una promesa al "Señor de los Milagros de Buga", santo muy popular en Colombia.

La promesa fue que iba a ayudar a un niño de la calle, que es lo que yo era, me la pasaba de casa en casa, -si no era donde la señora Inés, estaba donde el señor Palmidio, y si no donde la señora Rosa que era la mamá de monseñor Sánchez Porras a quien yo le abría el garaje y le limpiaba al jardín-, la gente me conocía, porque yo iba a las casas y si no pedía leche para comer con azúcar, o panela, les decía "deme un pedacito de papelón que yo los ayudo con lo que sea", porque yo comía poco, a veces no teníamos qué comer.

Lo que mi padre me daba era porque le mendigaba. Yo sabía que él era mi papá, que tenía una carnicería en la avenida 19 de abril, que tenía otra carnicería en la Ermita, que yo tenía unos hermanos, -tengo 13 hermanos por parte de papá- conocí a Jackelin, Marylin –que se parece a mí-, Marcos, Antonio, Pablo y a Francisco.

Mi papá me decía, "Tú no eres mi hija porque tu mamá se la pasaba con muchos hombres", denigraba de ella constantemente. Cuando me daba dinero lo hacía tipo narco, yo me sentía como si estuviera pasando mercancía ilegal, él se paraba en una esquina, y yo me paraba en la otra, esperaba ahí a que él se desocupara, que pudiera escaparse. Yo era la bastarda con la que nunca debían verlo, entonces él se detenía donde el verdulero, y ahí yo pasaba, él me daba, y él seguía y yo seguía, sin mirarnos a los ojos. Eso fue todo lo que pude compartir con mi papá. Nunca me abrazó, nunca tuvo un gesto de cariño, lo que hacía era reprocharme y culparme de existir, me repetía que no era hija de él, que mi mamá lo quería engatusar.

A mi hermano Pablo lo conocí por Edith su esposa, llamaron a mi mamá y dijeron que querían que llevara a la niña para conocerla, que "dicen que la niña es hija de tu papá, es una niña necesitada", le decía ella a su esposo. Ella sabía las vicisitudes por las que yo había pasado y sintió piedad, imagino. Tienen dos hijos que son mis sobrinos, en su casa estuve una vez, era un apartamento bien bonito. También fui con ellos al río El Tambo, en el estado Táchira más abajo de la represa Uribante-Caparo, un año después conocí a mi hermano Francisco a través de Pablo a quien habían encargado de la carnicería del 19 de abril, "Carnicería La Reina" se llamaba.

Empecé a ir donde ellos cada 15 días, sábado y domingo, les ayudaba en lo que fuera, limpiaba los pisos, despachaba las carnes que no fueran de cortes, igual recibía los mismos malos tratos que me daba mi padre, yo todo lo soportaba para que me dieran un bisteck, una pechuga de pollo, trabajaba muy duro. Llegó un momento en que noté que la máquina registradora no servía y comencé a sacar pequeñas cantidades: 5, 10 bolívares, mientras lo hacía pensaba en que no tenía ropa, en mi único par de zapatos rotos.

Ellos nunca se dieron cuenta y mi conciencia se debatía entre la necesidad y la justicia, y sentir que estaba obrando mal. Ganaba el hambre. Estando en la "Carnicería La Reina" también conocí a mi hermano Marcos, que solía tener mala cara, era rudo, muy como mi papá, un témpano de hielo, él no trabajaba con ellos, pero iba de vez en cuando y me miraba como la bastardita.

Mi hermano Francisco y Pablo fueron más cariñosos conmigo, entre lo poco que los veía, eran agradables, Marcos en cambio se burlaba de mí, una vez le comenté que a mí me gustaría ser reina, y él me miró y me dijo: ¿reina? Si tú lo que te pareces es al zancudo de esta ilustración, y sacó la imagen de una revista.

Me discriminaban, me desplazaban, y eso me enardecía, igual continué trabajando en la carnicería porque necesitaba la plata, tomaba mi buseta, subía para la carnicería e iba al liceo. Una vez les dije para que me compraran una rifa, no me quisieron ayudar; otra vez les conté: "Me voy a graduar de bachiller, me gustaría que me ayudaran para mis trajes, para hacerme mis cosas", nada.

En realidad, lo que yo más ansiaba era tener un papá y el afecto del abrigo familiar y la seguridad, pertenecer a algo o a alguien, era lo que más deseaba, y como no lo tenía, lloraba de impotencia porque me hacían la vida de cuadritos porque la gente es mala, no tiene conciencia sobre cómo tratan a las demás personas y las subestiman mucho. A mí me ocurrió, demasiadas personas creyeron que yo me iba a quedar en ese hueco, que yo no iba a salir de allí, o peor, que Veruzhka la huerfanita acabaría destruida, de mendiga, drogadicta, alcohólica, prostituta, derrotada por la vida.

Por eso son tan importantes la voluntad y la fe, porque siempre se puede.

Randazzo −así siempre llamé a mi padre- apenas refunfuñaba: "Muy bonita, muy todo, pero usted no es hija mía porque su mamá se la pasaba con muchos hombres". Mimo Randazzo Girolanno era su nombre completo, nunca le dije papá, nunca tuvo un gesto de cariño, ni siquiera una gentileza conmigo.

Ya murió. Yo digo que ahora tiene como misión cuidarme, ser un guardián, ya que lo que no hizo en vida que lo haga de muerto, que me proteja a mí y a mi hija.

No sé si él le tenía rabia a mi mamá, a veces pienso que sí, desconozco esa parte de la historia. Mi mamá trabajaba donde la señora Alicia haciendo bollitos y hallacas, ella es la señora por la que se conocieron mi papá y mamá porque él siempre iba al supermercado de Táriba, mi papá tenía la carnicería al frente, y era muy fácil que mi mamá llamara su atención, era muy vistosa. Él era moreno, alto, siciliano, de esos costeños italianos, así lo recuerdo yo. Mal humorado, ¡Dios! que hombre más mal humorado, y obstinado, era amargado, y mi mamá no se queda atrás, me imagino que se hizo así por los mismos golpes de la vida.

Mi madre siente que la vida no la ha tratado bien también. A veces me compraba mi ropa en "Pepeganga", aunque casi toda mi infancia me vestí con ropa regalada, hasta que llegué al "Miss Venezuela". De niña no iba a las piñatas, no me invitaban, porque era como que la negrita del grupo, la niña de pueblo.

A veces con lo que me daba mi papá inventaba sorteos, compraba un peluche que costaba 1 bolívar y lo rifaba, lo que me permitía entrar a las casas de familias, y si me ganaba el premio lo envolvía como regalo y llegaba a la fiesta: "Aquí traje un presente, ¿será que puedo entrar?". Eran crueles, llegaron a echar agua caliente cerca de las rejas para que me quitara. No entendían que donde una niña ve otros niños, quiere también jugar, entrar. Eso no se le debe hacer nadie, a ningún ser vivo, he visto mucha crueldad, salvo excepciones, la mayoría me maltrataba.

Tuve suerte de no haber sido abusada, aunque en una ocasión una de las parejas de mi mamá comenzó a manosear mis partes, se lo dije a mi mamá y fui yo quien terminó recibiendo pela, me cayó a golpes, yo tenía como ocho años.

Él siguió yendo a la casa y yo lograba escabullirme, ya yo sabía que debía salir corriendo cada vez que el viejo me intentara tocar, Gracias a Dios ese asunto no pasó a mayores. Para el pueblo yo era como una mascota, a quien algunos trataban bonito y cuidaban, y otros la maltrataban.

A mi mamá también le ha tocado duro, ahora está con Bruno, ese ha sido su fiel compañero, siguió con él para arriba y para abajo.

La casa donde yo vivía con Bruno y mi mamá era muy bonita, estilo rural pero tipo quinta, la fachada tenía una jardinera con un pasillo y una puerta que llevaba a un gran salón, y tenía una escalera en la entrada y un garaje, todo al descubierto, nada de eso estaba techado, era un patio interno; luego del porche se entraba a la casa y había tres cuartos de un lado, un ventanal, el baño, la cocina, un salón para hacer fiesta, dos cuartos atrás y el lavadero, pero se presentó un problema: estaba construida en zona arcillosa y la casa no tenía una buena base y terminó siendo un desastre, en realidad no era apta para vivir, pero teníamos que hacerlo y cada vez que llovía, nos fajábamos a sacar agua y agua.

La cocina dejó de ser la cocina y se tuvo que convertir en un cuarto. Bruno y yo dormíamos en un cuarto, mi mamá dormía en el cuarto principal, no veíamos televisión, mi mamá no nos dejaba, tampoco escuchábamos música hasta que ella llegara. Yo me montaba en la plataforma y desde allí veía la casa del señor Víctor y la señora Rosa, que cuando estaban los nietos, ponían el televisor y desde allí veía "Don gato y su pandilla", "La pantera rosa", "Brujilda", "La abejita Maya", esa abejita que sufría por su mamá, "Heidi", "Candi Candi".

Bruno nunca compartió conmigo, mi hermano siempre fue distante, incluso, por ejemplo, si él estaba jugando en la cancha -desde pequeña yo jugaba futbol y futbolito- y me veía llegar, se iba.

No tengo recuerdos de mi mamá sacándonos juntos al parque o algo así, sólo vienen a mi mente las peleas entre nosotros. Cuando Viviana Gibelli hacía promoción a las botas montañeras "Frazzani", Bruno jugaba a que era Bruce Lee conmigo, entonces terminábamos cayéndonos a golpes y dándonos aquellas patadas y cuando llegaba mi mamá nos remataba. Con Bruno siempre hubo distancia, mejor dicho, entre ellos y yo, éramos dos familias, y yo estaba sola.

Ni siquiera en Navidad se suavizaba. Mi mamá era: "Feliz Navidad" y a dormir. Yo hacía el nacimiento de aserrín que agarraba de donde la señora Judith, una de las vecinas donde hacían muebles y el aserrín les sobraba. Agarraba el aserrín y la lana, la lana que es de los árboles y los pinchos y todo eso, y hacía mi súper pesebre, aunque no tuviera lucecitas porque mi mamá no compraba nada.

Ella tenía un mini componente gris y lo que escuchaba era Gardel, por eso es que me sé toda la música del recuerdo, parecía una viejita cantando: "La cárcel del Sing sing", "Golpe con golpe yo pago", de Pastor López para abajo. Toda esa música me la sé de memoria. "Los caminos de la vida" de "Los Diablitos", esa canción me marcó, es muy bonita.

Ella tenía en un cassette, su música del recuerdo,

"Amante", le encantaba el "Binomio de Oro", Rafael Orozco, "Los Originales", "Los Caliches", mucha música colombiana, el grupo "Niche", esas eran mis canciones, yo no escuchaba más nada y todavía de vez en cuando escucho esa música, es con la que crecí y me gusta.

Pequeña estudié en el "Jardín de Infancia estado Trujillo", hasta ahí me llevaba Jesús el Cordobés.

Tenía una maestra que se llamaba Rosa y una que se llamaba Ismelda, ¡Que me pegaba unos pellizcos la condenada! Me hacía tomar jugo de Curuba, y a mí no me gusta la Curuba que es una fruta que parece como parchita, pero es ancha y sabe a diablo. Ahí tuve mis tres primeros años del colegio, los de kínder, el uniforme era pantalón azul, franelita roja.

Hicimos una presentación de "Viva la gente" laralala, otra vez me tocó hacer de un árbol y también hacer dienticos de caramelo, porque no tenía ni un diente, y en "Barlovento, Barlovento", me vistieron de viejita. Fue bonito. En el lugar había una escalera y lo que más me gustaba era cuando nos sacaban al patio y a los muchachitos nos bañaban, nos lanzaban en una regadera. Las profesoras Ismelda y Rosa me escribieron hace tiempo por Facebook e Instagram: "¿Te acuerdas de mí?", preguntaron, y yo entre risas escribí: "Sí, y de sus pellizcos también"; me respondieron: "¡Veruzhka, tienes una memoria!".

Después en el colegio en Patiecitos yo vivía limpiando en casas de familia, a veces me daban uno o dos bolívares. Y era "chiva", en el sentido de que me iba a veces al Seminario, donde estaban los seminaristas, para ver si me dejaban meterme en la piscina o ir a ver a los animales, las dantas. Recorría el pueblo para arriba y para bajo, me imagino que eso no me ayudaba porque me veían como descarriada, la niña realenga, de la calle.

Han debido protegerme en lugar de maltratarme. Después del Jardín de Infancia estudié de 1° a 4to grado en el "Monseñor Briceño", que era una curva desde donde veía a la familia de Jesús Colombo, el matador, otro torero que yo conocí a través del Cordobés, el amigo de mi mamá; después venía una bajada completa hasta donde quedaba la escuela y al lado de la escuela, quedaba el liceo donde estudié también. Como casi no comíamos, subir esa cuesta y bajarla todos los días era fastidioso, a veces los autobuseros me daban la cola y yo me subía y me bajaba, otras, cuando llovía, me paraba bajo todas las canales de las casas para que me cayeran los chorros de agua, creo que por eso me enfermaba, yo llegaba a la casa enchumbada de agua, pero era feliz.

Me enfermaba mucho de las amígdalas y me daba gripe con frecuencia, también tuve lechina, con el cuento de que, si era loca o que estaba demasiado delgada, mi mamá me metía un montón de pastillas para que engordara, y yo no iba a engordar ni que quisiera porque había poco para comer y solía perder las peleas con Bruno porque él colaba los fideos y a mí me dejaba el agua.

Siempre tuve el pelo largo y como a los ocho años me cayeron piojos, fue horrible y mi mamá me cortó el pelo como Gigi Zanchetta cuando hizo una novela en que ella salió con el pelo cortico, cortico, y yo lloraba por mi pelo, porque me lo habían quitado. También me echaban kerosén y con el famoso peine saca piojos o con el champú "Avispa", mi mamá me los quitaba. Después de grande sí me tocaba a mí con un paño y a peinar y a sacar los piojos.

Nadie me narró cuentos para niños, me fascinaban los títeres que conocí en el colegio. Mi mamá dejaba el televisor y el mini componente bajo llave porque decía que nosotros éramos muy desastrosos y dañábamos todo. Las comiquitas las veía de lejos desde la platabanda hacia el televisor del vecino, así que los títeres me asombraban y divertían.

Me acostumbré a la risa fácil, la buscaba en cualquier detalle, evitaba la tristeza, aunque el maltrato siempre aparecía. Imaginen ver una fiesta con globos, piñata y todo desde la reja, porque no me dejaban entrar. Lo hacían porque no les daba la gana, porque para ellos yo era la chusmita del barrio, eso es desagradable, que te traten mal, que te discriminen, duele pues.

No entendía por qué la gente tenía que ser tan dura con una niña, me preguntaba si yo olía mal, me sentía fea, chocaban mi seguridad, y sin embargo yo iba, me paraba en todas las piñatas, me escapaba por mi ventana; luego como no me veían con mi mamá, -ella siempre ausente- me botaban de inmediato de la fiesta.

También hubo momentos buenos y ángeles en mi vida.

Una vez se paró un señor en la puerta de la casa, yo digo que eso fue un Ángel de la Guarda, uno tiene ángeles por todos lados que te cuidan, acompañan y te protegen, me siento una persona espiritual y esas cosas me fascinan. Era un viejito, el señor nos tocó la reja, que mi mamá la dejaba con un candado por seguridad para que no se fuera a meter nadie de la calle, así que el que quisiera meterse tenía que saltar, (realmente podía hacerlo cualquiera, no era muy alto). El señor decía que tenía hambre y él andaba siempre con un perrito callejero, le propuse a Bruno darle comida.

Mi mamá ese día había preparado lentejas, agarré un pote de esos de "Mavesa", salí con mis lentejas y me senté con el viejito, y el viejito echaba anécdotas, era de esa gente súper estudiada que termina a veces de mendigo por tristeza o soledad. A mí el viejito no me faltó el respeto, ni me hizo algo malo, el viejito me dijo, "mija gracias por la comida, ojalá nunca le falte la comida para cuando usted sea grande, ya verá que le van a salir las cosas bien", yo tenía ocho años. Bruno siempre arisco me regañó: "Va a llegar mi mamá y nos va a caer a golpes". Después la señora Inés le fue con el chisme a mi mamá y de verdad nos dieron una parranda de golpes más que todo por haber roto la regla de seguridad. Más nunca volví a ver a ese señor, sí lo recuerdo vestido como indigente con su bastón, con su saco y su perro y un sombrerito. Le di un plato de lentejas, lo único que teníamos en ese momento y me llevé una paliza también por eso.

El señor olía a chimú, porque cerca de mi casa había una fábrica de chimú, y de caramelos que era el garaje de unos vecinos. Ahí yo iba, buscaba mi pote cuando no tenía nada que hacer, llevaba mis caramelos, envolvía mis caramelos, iban y me daban un bolívar, un real, un medio, igual con el chimú, lo envolvía y me ganaba una plata. Bruno empezó a trabajar también así porque a él no le gustó estudiar, apenas empezó primero y segundo año, le dijo a mi mamá que no quería estudiar que quería trabajar y lo hizo en un taller de latonería y pintura.

Con mi mamá no me comunicaba: "Hiciste la tarea, te bañaste, te limpiaste", era lo único que salía de su boca. Una vez me llevó a la feria de San Sebastián, no recuerdo qué circo estaba y quería montarme en un elefante, y ella "a usted ni se le ocurra", me dio un zapatón y me sacó.

Mi mamá es como el olor de la ruda, fuerte, por su carácter a   veces muy agria, seca, ha sido un ser sin ternura, jamás podría asociarla a una estela de clavo y canela, para nada.

Tenía las manos callosas de todo lo que hacía, latonería y pintura, albañilería, trabajaba en diferentes restaurantes tarde en la noche, no hizo de vigilante no sé cómo, pero pasó por todo, esa mujer hizo de todo.

Era coqueta varonil, le gustaba mucho la ropa de hombre, vestirse de vaquera, con sus botas de punta, sus jeans, su camisa a cuadros, sombreros, porque por las tierras mías siempre hay una feria. Se maquillaba con una raya de delineador azul y sus pestañas resaltaban, le gustaba usar perfumes de hombre y cosas de hombre, no de mujer, pero no porque no fuese femenina, sino porque le llamaba la atención, era así tal vez por el medio en que le tocó sobrevivir. A veces ella se iba a trabajar a un restaurante o a ser mesonera en un sitio donde era la única mujer.

A mí comenzaron gustándome algunos perfumes de mujer, recuerdo una marca que era "Gentile", que venía en tapa azul, tapa amarilla, tapa rosada, olía rico. Si no, optaba por colonia "Mennen" o colonia "Chicco", me encanta el sándalo, yo soy más de esencias.

Mi memoria de los olores se traslada a cuando venían las horas de cocinar; todas las casas olían divino. Por ejemplo, yo sabía cuándo la señora Josefa estaba cocinando, y pensaba, "Dios mío tengo que ir para esa casa". Ella preparaba mondongo, sancocho, en Táchira se come sopa y seco; no hay un almuerzo que no tenga una sopa y un seco.

La señora Josefa hacía muchas sopas de frijoles rojos, lentejas, pollo guisado, la yuca era fija en esa casa y hacía mucha arepa. Cachapa sí no, ella hacía cachapa, pero no me gustaban las cachapas, nunca me gustaron, no sé porqué, pero el maíz me lo comía solito.

A la señora Luzmila le fascinaba hacer panquecas, las preparaba como las crepes, con huevo revuelto y mayonesa, eso para mí era la gloria: "No me haga una, deme dos", yo quería comerme todo lo que encontrara. Ella también hacía el arroz colombiano, que era el que quedaba del día anterior, lo soltaba y le echaba un huevo mientras se iba calentado. ¡Quedaba de un bueno! Es un arroz oriental, pero con huevo. El recalentado para mí es perfecto, se mete todo lo que está en la nevera del día anterior y listo.

De casa de mi abuela recuerdo el dulce de lechosa y de toronja, a veces cuando nos íbamos de excursión, con todos los muchachos del barrio (en esas tierras donde tú lanzas una semilla y sale una mata de mango), siempre tumbábamos mango verde para que me hicieran jalea, cargábamos toronjas y limones. Iba donde la vecina, "¿Me puede regalar azúcar?" y hacíamos limonada, o donde la señora Inés que hacía tajadas todos los días y escuchaba música llanera, a Reinaldo Armas desde que se levantaba hasta que se acostaba.

Ella tenía muchos pajaritos, canaritos, azulejos, turpiales, aunque me decía que los azulejos no se podían mantener encerrados porque se morían de rabia, que tenían que ser libres.

De los hombres creo recordar que mis hermanos sí se echaban perfumes y olían rico, hacían un gran esfuerzo por quitarse el olor a carne. De mi papá no puedo referir ningún olor porque él era como una piedra, tenía una roca en lugar de corazón, era hermético total. Si tuviera que asociarlo con un color sería oscuro, marrón, no era un ser de luz.

A mi mamá en cambio le hubiese puesto el color verde, siempre tenía esperanzas y esperanzas, y esperanzas, y esperanzas en que le iba a ir bien, en la parte sentimental más que todo que era lo que ella más añoraba. Quería una pareja, buscó muchos años su estabilidad, pero nunca lo logró, ni siquiera ahora, mi mamá sigue sola y mi hermano está solo también. Bruno va por el mismo camino, no está casado, ni tiene novia, yo le pregunto a veces si quiere tener hijos y me dice que no. Él y mamá se acostumbraron a estar juntos, imagino también porque han pasado mucha necesidad, momentos muy duros, en fin, cada quien decide lo que quiere.

Yo dormía en una cuna, Bruno sí dormía en su cama, cuando estaba sola recordaba lo que mi mamá escuchaba en casa: "Ciclo Terror" por radio Táchira, entonces me daba miedo. Cuando vivíamos los tres, ella dormía a veces con Bruno, a mí me dejaba tirada en el cuarto, y si yo me quejaba me iba peor, con un chuco, un rejo de vaca, me pegaba, y dolía mucho.

Así que pequeña de lo único que estaba pendiente era de ir a la escuela y de que me dieran de comer, me iba al abasto, me robaba un potecito de leche condensada, chiquito -cuando uno es pequeño aplica artimañas- también ayudaba en el mercado y cuando hacían el despacho que es cuando echan las frutas, hacen las escogencias de las que están buenas y las menos buenas, me regalaban algunas, no eran las mejores, pero para mí estaba bien.

Alguna de la gente del barrio me decía: "¡Ay, esa es la hija de Marlene! Ella va a ser igual que su mamá, la loca del barrio". ¡Y yo era tan solo una niña! La verdad es que, en comportamiento, mi mamá mal ejemplo no me dio, ella salía y tuvo varias parejas, pero que fuese alcohólica, fumara, nunca. Una vez vio a mi hermano con un cigarrillo en la boca y le dio una pasada de cable que más nunca le quedaron ganas, ella usaba eso como castigo, si le quitabas dinero, prendía la hornilla y colocaba nuestra mano allí, esa era la pasada de cable.

No sé porqué ella era así, supuestamente mi abuelo fue muy duro con mi abuela, y la crianza de ellos con mi mamá y sus 16 hermanos también lo fue. Me imagino que tuvo que haber de todo, hostilidad, golpes, aunque creo que el resentimiento más grande de mi mamá fue no ser feliz en su parte sentimental, ya que como estaba desesperada por tener un hogar, una familia, y no lo lograba, sin querer reflejó esa frustración y odio –no sé cómo calificarlo- contra mí. Yo convivía poco con las niñas, lo mío era jugar policía-ladrón, fusilado, kikimbol, fútbol, pelotica de goma, me la pasaba más con varones.

La única muñeca que tuve fue la "Barbie" que me regaló el señor Miguel y que tiempo después tuve que empeñarla para poder pagar el diploma de bachiller. Siempre me las ingeniaba para llegar a los sitios, o a veces iba a eventos.

Cuando Carlos Andrés Pérez era presidente hizo un mitin en San Cristóbal y yo engalanada con el único vestidito blanco que tenía y unas alpargaticas, fui con mi mamá y resulta que me le he perdido en el acto y cuando llegué a la casa, aquello fue una retahíla de golpes lo que me dio. Me había regresado caminando desde San Cristóbal hasta mi casa en Patiecitos.

Me alimentaba donde la señora Inés, a quien le arreglaba el jardín; ella también tenía dos hijas, una se llamaba Johana y la otra Mayela que era la que me maltrataba. Johana era más tranquilita. Años después en una entrevista: "¡Uy, quien iba a pensar que la que iba a arreglarme el jardín sería Miss Venezuela!", salió diciendo la señora Inés.

Todavía, estando nosotros pequeños mi mamá se quedó con Bruno que siempre fue su debilidad, aunque en una época nos dejó a los dos. Mi mamá tendría unos treinta y ocho años, yo insisto en que eso fue el resultado de una mala influencia, ella misma lo reconoce cuando hemos hablado y dice: "Yo por hacerle caso a los demás dejé de hacer muchas cosas con mis hijos". Sobre todo, conmigo porque ella comenzó con sus viajes, su salidera, y un día se fue, dejó a mi hermano Bruno en Cumaná con uno de mis tíos, y a mí me dejó sola en la casa.

Continué haciendo lo que acostumbraba: sobrevivir gracias a la caridad de los vecinos y a mi esfuerzo de ganarme la vida, asistía a mis clases y seguía mi trajín. Y aunque me daba miedo, seguí durmiendo sola en mi casa guardando mi secreto, hasta que como un mes después la señora Luzmila se dio cuenta de que mi mamá se había ido. La vida siempre te pone grandes pruebas. Sólo depende de ti superarlas con fe, con humildad, pero sobre todo aprendiendo a escuchar. Mi niñez fue dura, me dieron más espinas que rosas, pero comprendí que, si no me hubiesen dado espinas, las rosas que crecieran en mi jardín no florecerían con fuerza.

CAPITULO II

LA SEÑORA
LUZMILA

La vida siempre te pone grandes pruebas. Sólo depende de ti superarlas con fe, con humildad, pero sobre todo aprendiendo a escuchar. Mi niñez fue dura, me dieron más espinas que rosas, pero comprendí que, si no me hubiesen dado espinas, las rosas que crecieran en mi jardín no florecerían con fuerza.

Mi mamá se había involucrado con un señor con el que empezó a salir con mucha frecuencia, viajaba, iba y venía por poco tiempo, hasta que un día se fue, dejó a mi hermano Bruno en Cumaná con mi tío Heriberto, o Gilberto, con alguno de esos dos, y yo me quedé en la casa sola, hasta que la señora Luzmila me rescató.

Tenía como nueve años, de esa parte me acuerdo casi todo, aunque mi niñez la veo con flashes, sé la gente que pasó por mi casa, por ejemplo, recuerdo con nitidez, estando yo muy pequeña, a mi padrastro que fue banderillero, Jesús Armando Machado Cordobés, y la ciudad de Caracas ocupa mi memoria con claridad.

Cuando mamá se fue, me paraba, me iba para el colegio, ayudaba a la señora de enfrente, a la señora Inés o a la señora de al lado o si no, a la señora Judith, terminaba de ayudarles en el día, por ahí comía y me volvía otra vez para mi casa, por mi cabeza sólo pasaba que tenía que ir a la escuela y que me dieran de comer. Lograba alimentarme donde las vecinas o a veces me iba al supermercado, me robaba un potecito de leche condensada, trataba de estar todo el tiempo con la mente ocupada.

La señora Luzmila vivía en la cuadra y era quien hacía los trajes de las reinas de la Feria de San Sebastián; era modista, tenía dos hijas, por eso la asocio a la versión de la "Cenicienta". La señora Luzmila salió embarazada después de diecinueve años, que era la edad de su hija menor, la otra tenía veintiuno. Cuando tuvo su niño ella le hizo una promesa al "Señor de los Milagros de Buga", en Colombia, que iba a ayudar a alguien, a un infante de la calle, y como yo vivía de casa en casa, pues sí, era de la calle.

La gente me conocía porque yo pedía leche, para comer con azúcar o panela. "Regáleme un pedacito de papelón, yo le ayudo hacer lo que sea", decía. Así me conoció la señora Luzmila. Cuando ella llegó de su viaje de Buga, me encontró sentada en las escaleras de su casa y le digo: "Señora Luzmila, ¿Usted me puede regalar una tácita de azúcar?" Ella dice que entonces percibió una señal.

"Yo la puedo ayudar a limpiar", me ofrecí, y me iba en las tardes donde la señora Luzmila a ayudarle, a lo que fuese, y me regresaba para mi casa. Hasta que una de sus ayudantes que se llamaba Betty, que cosía donde la señora Luzmila, le dijo: "Veruzhka está sola en su casa" y ella enseguida me protegió, aunque de inmediato comencé a tener problemas con una de sus hijas.

Mi mamá iba y venía. Se había ido tras un hombre en la isla de Margarita.

Entre estar en mi casa, o donde la señora Rosa, o con la señora Luzmila, esencialmente no había mucha diferencia, así que yo igual seguía yendo a mi casa porque mi mamá a veces iba unos días, y cuando comenzaron los problemas con la hija de la señora Luzmila pues más me alejaba. ¿Qué era lo que pasaba? Yo no tenía el afecto de mi mamá, y me encariñaba con otras mamás y con toda familia que me diera amor.

Y la hija de la señora Luzmila, tal vez por celos, me

hacía maldades. Yo no comía en el comedor porque me mandaba para el patio con el mono o con la lora. Si en la casa se robaban 100 bolívares, "Veruzhka es la culpable". De allí me botaron 349 veces, me acusaban de robar, de mal comportamiento y resulta que quien sacaba plata a hurtadillas era otro chico que ayudaba en la casa. Claudia –la hija de la señora Luzmila- no me maltrataba físicamente, no me golpeaba, pero cuando su mamá no estaba, era ruda conmigo.

Después de muchos años me pidió perdón en un re-encuentro que tuvimos. Sabía que había sido mala, a veces cuando somos jóvenes no nos damos cuenta del daño que podemos ocasionar. Ya adulta ella se enamo-ró de un muchacho, creo que se llamaba Oscar, que la maltrató, no sé cómo es la historia porque me desligué de ellos hace años. Tuvo una hija y es mamá soltera. La vez que conversamos me dijo: "Veru, te quiero pedir disculpas por todas las maldades que te hice, yo las pa-gué con mi hija".

Cada persona ha tenido su regalito en la vida según sus obras. Lo que aquí se hace, aquí se paga.

Yo digo que la vida le va dando lecciones a la gen-te, porque Luis Miguel –el hijo menor de la señora

Luzmila- creció conmigo. Yo había entrado a esa casa por él, por la promesa que ella le hizo al "Señor de los Milagros". Yo tenía nueve años y él tenía nueve meses, prácticamente fui la nana del niño, ayudaba a la señora Luzmila en labores domésticas, a recoger, a limpiar, barrer, hacía de todo. Cuando empecé a estar allí, pensé, "Vamos a ver a la semana cuánto me van a pagar", a esa edad me volaba la mente con sueños, pensando cuánto dinero necesitaba para mantenerme, pero la señora Luzmila me dijo, "Yo no te voy a pagar, te voy a dar la alimentación, el vestido", porque los estudios los resolvía con lo que lograba sacarle a mi papá, con lo que le mendigaba.

En la señora Luzmila siempre busqué la madre que no había tenido. Empecé a dormir en su casa, pero muy pronto comenzaron las trifulcas. Dormía en el estudio donde ellos veían televisión, con un cojín, pero hasta que no apagaran el televisor yo no podía dormir y no tenía privacidad. En el otro cuarto dormían sus dos hijas hasta que Claudia decidió pasarse para otro. Mucho tiempo después me permitieron dormir con Soledad, la otra hija de la señora Luzmila que nunca me hizo daño; ella estaba en el modelaje en una academia y participaba en desfiles, y yo la veía siempre.

Con mi mamá había momentos, ella me llamaba, y

de repente un largo silencio: se desaparecía. Yo necesitaba alguien que fuera a buscar mis notas, que estuviera pendiente, que me supervisara. Mis representantes empezaron a ser mis maestras y yo les pagaba aseándoles la casa, lavándoles la ropa, o si no limpiaba en el liceo los baños, hacía cualquier cosa. Si me enfermaba o me sentía mal tenía que arreglármela sola.

Tiempo atrás, mi mamá me había llevado donde un psiquiatra, un viejito que quedaba en Táriba que le recomendaron a mi abuela porque yo era tremenda. Me ponían unas inyecciones raras que me hacían volar, hasta que yo dije que más nunca iba a volver a ir porque yo no estaba loca.

A la señora Luzmila le metían cosas en la cabeza en mi contra, le repetían que yo no era señorita, que tuviera cuidado, tanto, que la señora Luzmila me mandó a revisar en varias oportunidades, me llevó al ginecólogo para ver si yo era o no, virgen. Cosas que le decían, y como yo me llevaba bien con toda la gente del barrio, y a veces cuando la señora Luzmila no estaba me iba para el frente donde las construcciones, me imagino que algunos pensarían mal, que yo iba a que me tocaran, a que me hicieran, a que me pusieran. Gente con mente sucia que le envenenaba la mente a la señora Luzmila para intentar que no me ayudara.

Lo que hicieron con la señora Luzmila lo repitieron con mis tías. Se activaba la mente cochina tratando de meter cizaña: "Cuidado si Veruzhka sale con una barriga", me tenían verde. Años después les dije: "De todas las que conozco, la única que no salió con barriga fui yo". La gente es maliciosa, piensa que porque una persona crece sola o vive sola o se ha hecho sola, es una loca de carretera y no, no es así necesariamente, porque va a depender de cada persona.

Las primeras cosas de mujer las aprendí por vecinas. Con Luzmar yo jugaba al "Show de Luz y Ver" con micrófonos improvisados para los cuales coleccionábamos latas. Ella se había desarrollado primero y ya tenía téticas, mientras yo no tenía nada. Yo era nadadora, "Nada por delante, nada por detrás". Pensaba, "Tengo un bultico, esas deben ser las teticas que me están saliendo", y cuando me desarrollé fue así: "Me bajó san-

gre, ¿Qué es eso?". "Eso es la regla, ponte una toalla".
Eso fue todo y ya, listo, así sin anestesia.

Cuando compartí algo con mis hermanos todavía
estaba muy pequeñita. Vivía ya con la señora Luzmila
tendría unos diez años. Yo iba, me montaba en camio-
netica, me bajaba en la lomita, me iba a la carnicería,
mi papá no sabía. La carnicería de mi papá estaba en la
esquina y la de mi hermano estaba un poco más arriba. Mi hermano cuando veía venir a mi papá me decía
"Escóndete, que allí viene el viejo", y yo me escondía
y me pasaba por la cabeza: "Cónchale, que me den un
bisteck para congraciarme con la señora Luzmila, o
una pechuga de pollo", pero nada, puro desecho había
para mí.

La señora Luzmila me ayudó a perder el miedo. A
ella también le gustaba ver sus películas de terror y yo
parecía garrapata pegada en pánico, así que ella que
me enseñó a ser valiente y dejar de ser nerviosa con el
"Ciclo Terror" que me imponía mi mamá.

Yo veía fantasmas y muertos porque a los gochos le
encantan esas historias con brujas y la Sayona. Para
mí todo eso existió, aunque digan que no. Me acuerdo
que llegó una temporada donde a la señora Luzmila se
le paraba siempre una bruja a llorarle en la ventana, y

yo apelaba por las tijeras en cruz, para espantarla, y lo lograba, con las puntas hacia afuera de la puerta, (nunca hacia adentro porque no se logra el objetivo).

A mí me gusta todo lo esotérico, me fascina.

Una noche todos se habían ido para un matrimonio y me quedé viendo televisión. Era como la noche del terror porque cambiaba y estaba "Drácula", en el otro "Los locos Adams" y en otro "La Familia Monster", yo sola, y sé que es difícil de creer, pero juro que se prendieron las máquinas de coser como si alguien estuviera cosiendo en el taller de la señora Luzmila. Cuando ella llegó aquello parecía un escándalo en el Poliedro de Caracas. "¿Y aquí que pasó?", preguntó la señora Luzmila al llegar. "Se prendieron todas las máquinas de coser, todas, todas, y por eso prendí las luces". Eso nunca se me va a olvidar porque yo estaba muy asustada.

La señora Luzmila me decía, "Tienes que ser valiente, tienes que hacerles frente a las cosas, si te tiemblan los pies, debes sostenerte". Claro ella también nos narraba muchas historias del pueblo Santa Rosa de Cabal. Una vez nos echó un cuento de una muchacha que le dio un ataque de catalepsia, esos en los que la gente se queda inmóvil, paralizada, pero sigue viva. Eso era muy típico de esos pueblos porque antes no había manera de certificar la muerte.

Esta chica era la hija de un alcalde o de una familia muy opulenta que había fallecido y antes la joven había dicho a sus padres que la enterraran con sus joyas. Siempre han existido los saqueadores de tumbas. Yo me quedaba fascinada, tipo película, mientras la señora Luzmila detallaba las historias, ella comía mucha manzana cortada en pedacitos y yo feliz porque a mí siempre me daban de eso, y entonces decía: "Bueno, vamos a echar cuentos".

Empezaba a narrar sobre el ataque de catalepsia. "Enterraron a la muchacha y dos bandidos se fueron al cementerio, sacaron a la joven tenía un anillo espectacular, una esmeralda, -en Colombia se usa mucho la esmeralda- y los tipos empezaron a tratar de quitarle el anillo, y en el trajín se les despertó, o sea, volvió en sí. No se sabía quién corrió más, si ella al verse en la urna, o los bandidos". Lo genial es que la habían salvado porque si se quedaba en la urna se moría, y a los muchachos el pueblo les hizo un reconocimiento.

Ante esas situaciones, las autoridades fijaron el plazo obligatorio de velatorio de 48 horas, para dar tiempo de estar seguros del fallecimiento. Claro, yo todo esto lo aprendí con ella.

Me acuerdo de una señora que creían que había muerto, y padecía de catalepsia, lo sabía, y previo al episodio había dicho, que rogaba, aunque fuera mover un dedo, y que, si lo lograba, ella le iba a servir a Dios. Así ocurrió antes de que cerraran la urna. Claro yo tenía una imaginación de padre, me imaginaba todo, y hasta el sol de hoy lo hago. Mi mente elabora la película de la señora moviendo el dedo, que según el cuento murió monja, viejita.

La señora Luzmila nos detalló grandes historias sobre las lucecitas, ¿Saben de los famosos entierros, no? Dicen que eso es una luz perenne en el valle, en unas zonas específicas, en unos árboles. Ella nos contó que un muchacho vio una luz, le advirtieron que para sacar ese entierro tenía que pedirle permiso al difunto, y el joven hizo una investigación, imagino que se buscaría una persona que supiera de eso que le aseguró: "Mira, sí, el muerto te dio luz verde para que lo sacaras", en aquel entonces decían que lo que enterraban eran morocotas de oro. El muchacho fue y asegura que les cayeron a golpes; parece que la persona que le dijo que estaba autorizado le mintió. No había permiso, eso era como un entierro de esclavos porque él decía que los que lo agredieron eran negros, le daban y le daban y le daban, hasta que al muchacho lo agarraron inconsciente y lo sacaron de ahí. Y ella que nos contaba sobre las lucecitas, y yo que me hacía mi película de terror, y veía la luz bajar, y decía donde caiga la luz, y de repente la luz caía, así como las estrellas fugaces en el sitio, y ahí estaba el entierro y tenían que irlo a buscar.

Fueron miles de cuentos narrados por la señora Luzmila. En una oportunidad en la casa llegamos a ver una famosa lucecita, y entonces éramos todas: "Es que la lucecita esa no me deja dormir, que la lucecita..." pudimos ver que la luz venía de algo que reflejaba de afuera y entonces se nos fue la cosa esa de la luz. Pero la señora Luzmila era así, se protegía mucho, y a mí con lo de las tijeras en cruz me marcó para toda la vida.

La señora Luzmila tenía a Loreta, que era su lora y un mono que se llamaba Tito, desde antes de que llegara Luis Miguel. Parte de que yo estuviera con ella también fue a través del mono, al que le decían el Kinkoncito de Patiecitos porque hacía desastres, se metía en las casas, se comía la comida, pero eso sí, el mono le hacía caso, era un araguato.

Solo obedecía a la señora Luzmila, hacía pipí y pupú en el lavamanos y cuando quería ir al baño solamente halaba la mano de la señora Luzmila y ella lo subía. No se le podía acercar nadie a ella cuando estuviera el mono, porque atacaba. Entonces él se metía por la casa, iba al cuarto, si estabas durmiendo te sacaba la cobija, te mordía el dedo gordo del pie y salía corriendo. El mono seguía hasta a la iglesia a la señora Luzmila, se le aparecía en todos lados. Ella lo vestía con ropa, lucía un liqui liqui blanco.

En una de esas lo atropelló un camión y estuvo hospitalizado. Como se la pasaba en el barrio, cuando se le escapaba a ella, los vecinos se quejaban: "Mira que el Kinkoncito me dañó la mata de no sé qué, la mata de no sé cuándo".

Entonces yo me ponía tipo "Ace Ventura", la cazadora del mono, para buscarlo y traérselo a ella de vuelta, hasta que un día un vecino le dio un tablazo y lo mató. Esa señora lloró a ese mono como si estuviera llorando a un hijo, y después que murió el monito, ella salió embarazada de Luis Miguel.

La señora Rosa también tenía dos loros, pero eran maléficos, se ponían así tipo caza a caerle a piña a los niños, se les iban encima. Esos loros de la señora Rosa no me gustaban.

La señora Luzmila se la pasaba en casa porque ella

era modista, y allí tenía el taller, con nueve máquinas y la fileteadora. Era la costurera del pueblo y toda la gente que quería que le hicieran ropa, iba donde ella. El espacio estaba muy bien distribuido dentro de la casa. Su taller era como un salón, apartado, con una pequeña sala de espera con un cuarto donde la gente se probaba la ropa, y ese cuarto tenía un baño.

A mí la señora Luzmila me hacia los trajes, igual que a las reinas de las Ferias de San Sebastián, y de las ferias de Táriba.

Y a su hija Claudia le gustaba bordar. Ahí aprendí a bordar en mostacillas, lentejuelas, canutillos porque ella hacía unos trajes espectaculares, bellísimos, agarraba el figurín, las revistas y lo hacía igualito, yo era feliz de sentir que tenía una mamá modista. Si Claudia o Soledad tenían una fiesta, iban espectaculares, no repetían ningún traje, la señora Luzmila tampoco.

Uno de mis primeros trajes fue de papel lustrillo. La parroquia iba a hacer las fiestas patronales y estaban buscando niñas que hicieran de "Las Chicas del Can", así que me hicieron mi traje junto a mi trompeta era hecha de cartulina, yo estaba pequeña. La falda era de papel lustrillo roja, voladita con su cintica, el peinado fueron unos rulos, porque la que tocaba la corneta y la que salió bailando con la charrasca y la trompeta tenían un afro, así que a mí me rizaron el cabello.

Lo que no recuerdo es si fui con mi mamá o fui sola. Yo de mi mamá veo flashes, pero no la veo participando a mi lado en otras cosas. En las corridas cuando me llevaba sí, todo el mundo tenía que ver conmigo, yo le tenía terror a los toros, por eso pedía que no me sentaran tan adelante porque sabía que eso brincaba, entonces yo "Un poquito más para atrás".

Lo que yo no controlo, no es que le tenga miedo, le tengo respeto, de lo que yo vea que me va hacer daño prefiero estar lejos y quedarme tranquilita que así me veo más bonita.

El taller de la señora Luzmila era muy reputado. A ella le llevaban los figurines, las revistas que guardaba como un tesoro, las mandaba a forrar y empastar. Ella hacía los trajes tal cual, un día me seleccionaron para que hiciera un acto y me tocó bailar sopa de caracol. La señora Luzmila me hizo una falda de colores y me puso una camisa blanca de lunares morados.

Con ella aprendí a tejer, a bordar, coser, pegar botones, a hacer ruedos, manualidades. Trataba de aprender lo más que pudiera. En la escuela "John Fitzgerald

Kennedy" donde estudié quinto y sexto grado, fui reina del deporte. La señora Luzmila me hizo el traje con tela de cortina, quedó espectacular. Tenía que asistir a todas las actividades y llevar sol como una teja, debía ver los juegos de fútbol, basket, kikimbol, volibol en la cancha de Patiecitos.

Estaba obligada a cuidar mi apariencia por lo que tenía prohibido pasar por el potrero que quedaba en el camino porque me iba a matar la señora Luzmila, así que ella me llevaba caminando y tenía que darle la vuelta a la manzana completa para llegar a la cancha. Y que no se me ocurriera guindarme a pelear. Una vez jugando volibol -yo me inscribía en toda actividad que podía- alguien se metió conmigo y yo me guindé.

Era peleona, muy peleona porque si me faltaban el respeto o me decían algún sobrenombre me iba encima del chamito y si me tenía que agarrar a golpes, me agarraba a golpes. Incluso me gradué con un ojo morado y la boca hinchada porque me enganché a pelear, sabía hacerlo, había aprendido después de recibir tantos golpes de Bruno que me tenía de saco de boxeo. Claro, éramos unos niños.

Luego fui reina de bolas criollas en el que yo saqué un papelito y decía "Reina". Era una cancha de bolas criollas, con un muchachero donde todas terminamos sucias de arena y sudadas.

La señora Luzmila hacía esfuerzos por domesticarme, por enseñarme y lo hizo, pero tampoco se podía dedicar a mí las 24 horas, "Párate, siéntate, levántate, come así, mete la cuchara, saca la cuchara". Yo asumí ayudarle a ella en cosas de la casa, encarné el rol de la muchacha de servicio y nana de Luis.

Tengo muy gratos recuerdos de algunos momentos, por eso al asociar a la señora Luzmila con un color lo hago con el amarillo radiante, brillante. Ella ha sido una persona muy positiva, con una gran sonrisa, pocas veces la vi llorar, independientemente de que tenía sus momentos buenos y otros no tan buenos, siempre la vi positiva, quería lo mejor para sus hijas, ella fue madre sola, mamá soltera, sacó a sus hijas Claudia y Soledad adelante. Después llegó Luis Miguel y estaba el señor Luis Gonzalo que fue la única figura paterna de esa casa.

El señor Luis Gonzalo el esposo de la señora Luzmila, ya murió. Era chévere, se ausentaba mucho porque era ingeniero civil tenía que ir a ver sus obras, yo con ellos viajé en varias oportunidades. Con la señora Luzmila fui a Caracas y nos quedábamos en Bello Monte, en un hotel que estaba en la avenida principal, y yo la acompañaba a hacer sus diligencias. Era feliz porque sabía que iba a comer "Pollo Arturo´s", ya descubierto por mí, igual que la hamburguesa de "McDonalds".

Caracas era otro mundo para mí, era ¡Wao! Mucha gente es despectiva con nosotros los de la provincia, pero yo soy feliz de ser de un pueblo, donde uno vive mejor, más en comunión con la naturaleza. En contraste, la ciudad consume.

A mí me encanta la libertad de ir a un potrero, arrear las vacas y meter la nariz donde no te llaman, que los niñitos jueguen con todos los niñitos; eso es más factible en el interior del país que en la capital donde todo mundo está a la defensiva. Y aun cuando no tuve muñecas, sólo una "Barbie", me divertí jugando trompo, yoyo, metra, canica, palo, la rueda con el palo, todo lo que pudiera inventar, y podía llegar a divertirme mucho.

En esa época quería ser arquitecto o estudiar informática. Y soñaba que iba a tener un programa de televisión. Me ponía a ver a las animadoras, aunque ni de lejos me tomaba en serio la posibilidad de ser reina de belleza.

Iba de la mano de la señora Luzmila Franco quien

no dejaba de hacer esta hermosa reflexión: "Si cada persona pudiente ayudara a un niño de la calle, las cárceles no estuvieran llenas de prostitutas y drogadictos. Quien educa a un niño, educa a una generación".

CAPITULO III

LOS 15CS.

UN BREVE ESPACIO DE
FELICIDAD

Venía viviendo desde los nueve años con la señora Luzmila y un día consideraron enviarme a un internado donde podía ganarme una beca y aligerar la carga que yo representaba. También estaban pesando mucho los problemas de convivencia con Claudia, una de las hijas de la señora Luzmila, que no me quería viviendo con ella. Así que gané la beca, y a la señora Luzmila le llevé la medalla en agradecimiento.

Ella a mí no me dio plata, pero nunca me faltó comida, ni ropa, ni cariño.

Por parte de mi madre no había expresión de afecto; dejé de verla por largo tiempo después que se fue a vivir a Margarita. El internado quedaba en Rubio, era la "Escuela Granja El Rodeo", yo gané el cuadro de honor entre 300 estudiantes, siempre fui buena alumna aun cuando firmé mil veces el libro de vida porque era muy tremenda. (más que tremenda, estaba todo el tiempo a la defensiva, y si me decían cualquier cosa que yo sintiera como una agresión, me guindaba por los pelos con todo el mundo, y más con los varones, no con las niñas; ellas no se metían conmigo, pero ellos eran los que me sacaban de mis casillas. Ahí fue cuando me dieron una beca al mérito por la excelencia. La beca la cobraba mi mamá y ya, nunca me felicitó.

En el internado era feliz, muy feliz a pesar de que era tenebroso. Había sido una hacienda cuya construcción principal era una antigua casona que había utilizado para épocas de descanso el general Marcos Pérez Jiménez. Sobre el lugar se tejían fábulas y leyendas, al igual que otros lugares donde el dictador vivió. En las noches el sitio tenía algo de siniestro y la gente aderezaba los miedos con historias que aseguraban que bajo el piso había túneles, mazmorras y calabozos. Nadie se quedaba ahí en Semana Santa, la gente aseguraba que asustaban, que se escuchaban llantos desgarradores. Para muchos era una zona karmática.

En el internado tuve varios amigos. Rosa que me enseñó a usar la crema "Sánalo" para los granitos de la cara, Eliana que era el propio cerebrito, muy buena estudiante, Erika, Angie la locutora. Mis profesores como los Nusette me trataron con mucho cariño, así como Gloria, mi profesora de Historia y Geografía.

El internado estaba destinado a educación agropecuaria y artesanal, me enseñaron a sembrar, tejer, coser y bordar; también estaba la selección de fútbol.

Fue una época linda. Me subía a los árboles de donde bajaba las mangas que sabían entre manzana y mango. Una profesora que nos cuidaba se llamaba "Aidée Cariñosa"; ella hablaba ¡Con tanta paz! Y fue quien me llevó a recibir mi condecoración en honor al rendimiento excelente, y después me llevó donde la señora Luzmila.

En el internado aprendí que no todo se puede dar como uno quiere, que tienes que salir adelante y demostrar lo que vales. Vivía allí y salía cada 14 días. Me iba donde la señora Luzmila a pasar el fin de semana, salía el viernes, y el domingo ya estaba regresando para la escuela. Había una profesora que me tenía idea, me decía Tatianuska, en vez de decirme Veruzhka, me castigaba lavando los patios, o los baños que son asquerosos en los internados. Cuando salía libre también trabajaba donde mi papá, y cuando iba al terminal llevaba dulces.

En lugar de jugar, laboraba el sábado completo, y el domingo, medio día. Allí ayudaba a limpiar la carnicería y a despachar, con mis hermanos, con mi papá no, ya comenté que él a mí ni me hablaba. Pata de pollo, molleja, corazón, hígado, eso fue todo lo que me llegaron a dar.

Luego me sacaron del internado, tenía 14 años, no se me olvida. Creo que el hombre que andaba con mi mamá en Margarita le metió cosas en la cabeza. "Tienes que buscar a Veruzhka, porque Veruzhka aquello", y un día, cuando regresaba a casa de la señora Luzmila vino Claudia y le dijo a su mamá: "Estás muy encariñada con Veruzhka, tienes que elegir entre ella o yo". Y la señora Luzmila decidió entregarme a mi mamá nuevamente, ese es el término correcto: "Me entregaron". Casi un año viví con mi mamá.

Había estudiado primero y segundo año en el internado en Rubio, en la "Escuela Granja El Rodeo", y el tercer año que era de catorce a los quince lo estudié en el "Luisa Cáceres de Arismendi" en la isla de Margarita. Viví en los Cocos y en Ciudad Cartón, las dos son zonas rojas.

Mi mamá no vivía en buenas condiciones, comíamos una vez al día. La casa no era un rancho de lata que se estaba cayendo, pero sí era una vivienda muy humilde, rural con dos colchones, cuatro camas, la cocina. Al señor lo había dejado la mujer, y mi mamá se fue a ser la "mula" de él, a encargarse de tres carajitos, que eran el demonio, menores que yo, de nueve, once, doce, años, y yo tenía catorce.

Ellos tenían malos hábitos, hacían cosas feas y se tocaban entre sí. Eso era un desastre. No sé si llegaba a ser incesto, pero lo parecía. Eran dos niños y una niña, definitivamente no tenían buenas maneras.

Allá en Margarita casi todo el mundo se metía conmigo, el bullying no me abandonaba, "lagartija", fue el sobrenombre. El mayor era el varón que con doce años se convirtió en mi pesadilla. Los tres eran malos, muy malos. Y yo fui igual a limpiar, a barrer, no había cambiado mi vida.

Bruno estaba en Cumaná con mis tíos, yo no volví a verlo después de mis nueve años. El señor que estaba con mi mamá, trabajaba latonería y pintura, por lo que recorríamos barrios, nos quedábamos en una pieza hoy y mañana en otra. Él trataba muy mal a mi mamá, le gritaba, le tumbaba la comida, nunca les cayó a golpes en mi presencia, pero sí la humillaba mucho, la trataba con desprecio.

Empecé a llevarme bien con los malandros, con todo

el mundo. Me decían "María Celeste" que era el nombre de la telenovela que estaban pasando protagonizada por Sonya Smith. Yo tenía el pelo largo, castaño, estaba muy morena de la playa, y con mis ojos verdes, me decían así. Los que me decían "lagartija" me enervaban.

Yo me escapaba, me iba en autobús a la playa Bella Vista, a la de Pampatar y me regresaba. Y empecé a ayudar a hacer empanadas a la señora del frente, y si no me iba para donde la señora del kiosquito. Otras veces martillaba en el colegio, "Dame un bolívar, dame un bolívar, dame un bolívar", me compraba un tequeño, una empanada y una malta, y listo. Porque yo sabía que, si en la casa me habían dejado comida, esos diablitos no me dejaban nada. Me dañaban mis cuadernos, fue un horror.

Mi mamá como siempre de hielo, igualita. "Bendición mamá", "Dios te bendiga", ya, listo, cuando me decía Veruzhka Tatiana, debía prepararme porque por ahí venía la paliza. Mi nombre completo es Veruzhka Tatiana. Tuve muchos problemas con el niñito ese de doce años, que me sacaba de quicio y un día sin querer le metí un golpe que lo senté y resulta que el papá me pegó a mí, es decir el hombre que vivía con mi mamá. Me fui corriendo al comando de la policía que quedaba a una cuadra a intentar denunciarlo, pero enseguida allí me agarró mi mamá: "¿Cómo es posible?", me reclamó. Y yo: "Mira, el tipo me pegó, ¡Me está sangrando la nariz!". Ella lo defendió a él.

Una circunstancia estuvo a mi favor cuando creí que el cielo me caía encima. Cuando me mandaron a Margarita, las hijas de la señora Luzmila estudiaban "Hotelería y Turismo" y fueron hacer las pasantías allá en la isla, así que yo me fui donde Soledad y le conté, ella llamó a la señora Luzmila y le dijo: "Mamá por favor, vuelve a agarrar a Veruzhka, está en pésimas condiciones, la está pasando muy mal.". Soledad me había visto caminando sola, cuando yo me iba a veces los fines de semana hasta Costa Azul donde ella trabajaba e iba a buscarla. Yo era ágil para escabullirme y astuta para buscar ayuda. Muy avispada era, eso sí.

Fueron varias las veces que Soledad llamó a su mamá antes de que el hombre me golpeara. En una de esas oportunidades me enteré que la señora Luzmila no me quería ver, eso me destrozó el alma. La señora Luzmila que siempre había sido tan cariñosa conmigo, que me hacía sentir especial, yo no entendía. ¿Cómo era posible? Me sentía desamparada. Y yo la llamaba, le lloraba, "Lléveme otra vez con usted, sáqueme de aquí". Cuando ese señor me golpeó, Soledad insistió y finalmente la señora Luzmila llamó a mi mamá y le dijo: "Cuando Veruzhka termine el año, mándela, yo me hago cargo de ella".

Tanto desamparo me hizo recordar una oportunidad cuando yo tenía once años y mi mamá me entregó a mi papá, fue un gran lío. Ya yo estaba teniendo problemas con Claudia –eso fue antes de que me internaran- y mi mamá me amenazaba con llevarme donde mi papá y un día allí me lanzaron. Me entregaron con una familia de mi papá en la ciudad de Turmero en Aragua, donde mi tía Nella. Ella vivía en una quinta espectacular con una gran escalera y no sé cuántos carros. Me mandaron directo para el cuarto de servicio. A mí no me llevaron como hija, me llevaron de trabajadora de servicio. A la señora se le había muerto el esposo y lo único que hacía era pintar retratos del marido muerto, no abría las ventanas. Había otra muchacha que también trabajaba allí.

Me ubicaron en el cuarto de la lavadora; iba de sirvienta y la señora me leyó la cartilla: "Usted se va a parar a las cinco de la mañana, va hacerse el desayuno, va a limpiar, luego se va para la escuela. Y a medida que yo le vaya viendo a usted una evolución, usted va subiendo de escalón". Escalón, me imagino que quería decir poder salir de la lavadora para el parque. Creo que la otra muchacha que habían llevado, era mi hermana, había subido de nivel, según lo que dijo la señora, ya dormía en la parte de arriba, era un poco mayor que yo, universitaria, y se vestía más bonito.

En esa misma casa conocí a mis hermanos Antonio y Marcos, que estaban cerca, en Maracay.

La decisión había sido enviarme muy lejos para que no tuviera contacto con mi papá. La señora era una vieja amargada, obstinada, italiana también.

Cuando conocí a Antonio y Marcos, voy y les echo el cuento: "Soy hija de Randazzo, lo que pasa es que nunca me reconoció". No les importó para nada, yo cumplía con mi trabajo de limpiar. Eso sí, parecía la gatera municipal, ella tenía como cinco gatos angora. Ahí duré mes y medio hasta que me le escapé a la señora porque ella me maltrataba, siempre me pegaba con una fusta. Yo regaba el jardín, limpiaba el parque, arreglaba no sé qué más porque aquella casa era inmensa, tenía alfombras persas. Un día la señora me dio una golpiza por haber pisado una alfombra estando yo mojada.

Era un ogro, no parecía italiana, se acercaba más a una alemana nazi, así como esas mujeres de la "Lista de Schindler", toda autoritaria la recuerdo.

Mi papá tenía una mujer de confianza, que creo que todavía vive, "Duracel" le decía, no sé cómo se llamaba, de esas morenas fuertes, siempre fue su mano derecha Un día fue a la casa "Duracel", y yo empecé a hacerle seguimiento para ver dónde guardaban el permiso de viaje para yo escaparme, yo no hacía más que repetirme, "Tengo que escapar de aquí, no voy a soportar". Y yo marcaba el teléfono de la señora Luzmila: "Me quiero ir". Era difícil, ¿Cómo hacía?, yo era menor de edad. "Voy a buscar cómo hago", le dije.

Por esos días me picó algo muy raro en el pie, todavía tengo la cicatriz. Se me puso el pie como Herman Monster, inmenso. Y me escapé, me fui en autobús y hasta le quité plata a la doña. Antes de salir agarré los gatos y los dejé en la lavadora dando vueltas. Por supuesto era una niña, yo sé que no se debe hacer.

El tiempo que estuve ahí fue una temporada de vacaciones, entre el primer año y el segundo año, en ese pedacito. Luego le reproché a mi mamá, ella me dijo que la señora Luzmila no podía seguir haciéndose cargo de mí por la presión de Claudia. Y claro, ¿A quién más iba a elegir ella? A su hija.

Cuando me escapé, me monté en el autobús, y allí típico que conocí a alguien "¿Cómo estás?". Y ante la pregunta "¿Usted con quién anda?", siempre hay que responder con seguridad y como al descuido: "Con mi tía que anda por ahí". Llegué al terminal y me fui directo donde la señora Luzmila: "Yo le prometo que no voy a molestar, que me voy a portar bien". Volvieron a inscribirme en el internado.

Después fue cuando a mi mamá se le metió el loco y me llevó para Margarita. Y los ruegos a Soledad funcionaron y empecé a estudiar en el "Maica", el "Monseñor Antonio Ignacio Camargo Alvarez", entre Patiecitos y Palmira. Allí cursé cuarto y quinto año.

Duré con la señora Luzmila de los 9 hasta los 15 años. Ella siempre tuvo presente que yo desde chiquita siempre le pedía: "Celébreme los 15 años, celébreme los 15 años". Y ella me celebró los 15 años, con mariachis, miniteca, invitó a todo el pueblo, a la familia de mi mamá. Aunque mi mamá no fue, ni mi hermano tampoco.

La señora Luzmila aparte de hacerme los quince años me regaló una bicicleta ring 20 y las chismosas del pueblo la llamaban, "Vimos a Veruzhka en la Panamericana", yo amaba montar por todas esas rutas, siempre fui así, recorría la autopista Panamericana del Táchira, Abejales, Copa de oro, Caneyes, me la vivía por allí, subía y bajaba en un momentico. Tuneaba la bicicleta con una lata atrás que hacía "Raca, raca, raca" y me coleaba, todo con los varones, pero llegaba a veces estropeada y la señora Luzmila, "Hoy no sales". Para mí era un castigo no montar en bicicleta.

Y entonces la señora Luzmila me hizo mi fiesta de 15 años en la que botó la casa por la ventana. Inolvidable esa fiesta, era todavía de mañana y yo seguía celebrando.

Me mandó a arreglar, me hizo un traje blanco para la ceremonia de la iglesia y para luego, un traje verde tipo princesa, hermoso. Luis Miguel me puso la zapatilla, eso fue un fiestón, un fiestón.

El vals lo bailé con Luis Miguel. No tenía noviecito, a mí no me miraba ni el diablo pues, eso me frustraba un poco porque las demás niñas sí tenían quien las cortejara. Pero yo era muy delgadita, no despertaba nada, no tenía sex-appeal, era como el patito feo, flaca como una varilla, con el pelo muy largo. El único piropo que recibí fue del Padre que dijo "Qué niña tan bonita", y yo decía, "No mijo, usted para allá", que era muy guapo el Padre entonces -no me acuerdo como se llamaba- pero la señora Luzmila me había dicho, "Mira que el padre quiere venir para la fiesta". "Bueno, invítelo".

Yo bailaba sin novio, con pareja o sin pareja, estaba tan feliz. Siempre fui así, muy sola, lo que me ayudó a ser independiente. Ahora es cuando dependo porque estoy casada y mi esposo no quiere que yo trabaje. Antes nunca estuve sujeta a alguien, aún cuesta acostumbrarme.

Mi fiesta de quince años fue lo máximo, lo mejor, todavía la recuerdo vívidamente hoy. Se hizo en la casa de la señora Luzmila que era grande, ella abrió espacio en su salón de costura, sacó las máquinas, todo lo decoró muy bonito.

Ese evento reactivó los celos y los extendió. Luis Miguel cumplía años el 13 de noviembre y la señora Luzmila no tenía el suficiente dinero para hacerle una gran celebración. "Después que botaste la casa por la ventana –le reprochó Claudia- para hacerle el cumpleaños a Veruzhka, no se lo puedes hacer a Luis Miguel".

A partir de ahí la señora Luzmila se empeñó en llevarme a Colombia, a Santa Rosa de Cabal. Años después pude compartir con ella en su tierra natal, donde me nombraron hija adoptiva. Fue en 1998 cuando conocí la labor de la señora Luzmila, su ayuda a los presos enseñándolos a hacer manualidades y a tener un poco de cariño en sus vidas. También constaté la historia de nueve niños a quien ella cobijó, ayudó a ubicarlos en diferentes familias. Ella se quedó con uno que le dicen "Veruzhko Antonio". A su lado tuve la oportunidad de visitar orfanatos y compartir con toda su familia.

Sin embargo, este primer viaje a Santa Rosa de Cabal impulsado porque la señora Luzmila quería que yo conociera a su familia, fue lo peor que me pudo haber pasado, ¿Por qué? Porque cuando la señora Luzmila me sacó los permisos, y el pasaporte, la gente le dijo que no asumiera esa responsabilidad porque yo era menor de edad, que estaba en la época de niña, que yo le podía salir con una barriga, que eso era un gran peso, y Claudia contribuyó a envenenar el asunto.

Amparito, la hermana de la señora Luzmila le decía: "Deje esa niña en Venezuela porque algún día será una reina". Me veían bonita, peligrosa para la familia, para ella, para todo. Ya estaba en mi época que me veía más moza, era diferente, ya le llamaba la atención a la gente, a los hombres, así fuera para maldad. No fue la única vez que me sucedió en la vida.

Entonces no quisieron correr ese riesgo. A partir de allí la señora Luzmila cambió totalmente conmigo, no me hablaba, se distanció. Cuando yo regreso, ya mis maletas estaban hechas y la que me entregó fue Claudia: "Hágase cargo de Veruzhka".

CAPITULO IV

LA VIDA

COMO UNA CARPA

Me entregaron otra vez. Ahora era a la mamá de mi mamá, mi abuela, doña Leonilde.

La abuela Leonilde vivía en Táriba, en el mismo estado Táchira, pero más abajo, mientras la señora Luzmila vivía en Patiecitos como a veinte minutos, y yo estudiaba en Palmira, a veinte minutos más.

Estuve sólo cuatro días con mi abuela porque no me aceptó a su lado. Y como mi mamá no quiso hacerse cargo de mí, ni tampoco uno de mis 17 tíos, y como no salió nadie que se responsabilizara por mí, me enviaron al INAM, tenía quince años.

La casa de mi abuela era de bahareque, con una fachada linda, era humilde y bonita, tenía dos piezas, el lavadero, el baño y la cocina, eso era todo. Mi abuela tenía una gaveta, lo que encontraba lo echaba allí, como la gaveta de los tesoros. Tú la abrías y encontrabas una pulsera, una cadena, chocolates, pelotas, era mágica. También tenía un perro.

Antes de eso, de vez en cuando yo iba donde mi nona.

Ella vivía con una hermana de mi mamá, mi tía Maribel, que tenía un problema en una pierna, nunca supe si fue que le dio polio, o qué. Ella es la más inteligente de toda esa familia, es ingeniero industrial, un genio en física, química, matemática, habla inglés. También cosía, a mí me hacía faldas, ella fue la que me trató con algo de cariño, nunca pudo tener hijos.

La abuela me dijo: "Usted va a ser igual que su mamá y me va a traer muchos problemas". No me quiso con ella.

Pienso que mi mamá fue muy rebelde, no sé qué sucedió entre ellas. Lo único que conocí de esa historia, es que después de un tiempo mi mamá sí vivió con mi abuela. Ya yo había agarrado vuelo, sé que duraron mucho tiempo juntas.

Mi abuela era chiquitica, menos de metro y medio, morena, ojos verdes, cuando la conocí ya tenía el pelo blanco, era muy jodida, me pegaba unos pellizcos desgarradores porque tenía las uñas largas. Con frecuencia hacía dulce de lechosa, y yo brincaba para la nevera a comerle su dulce a mi nona. Nunca tuve claro en qué trabajaba, de qué vivía, sé que iba mucho a la iglesia. De mi familia, me acuerdo de mi tía Gladys, de mi tía Cecilia, que se casó con un ingeniero y tuvo varios hi-

jos y tenía la mejor casa de todos ellos, una quinta bellísima.

Entonces, cuando yo regresé de Colombia me entregaron a mi abuela porque más nadie me quería, y
cuando la abuela no quiso hacerse cargo, me lanzaron
para el INAM, Instituto Nacional del Menor, sección
San Cristóbal. Duré poco allí, algo más de una semana.
Las que me rescataron fueron mis profesoras de Química y Biología que se fueron a hablar con mi abuela,
le pidieron que alguien de mi familia se hiciera cargo
de mí. Yo les hablé de mi tía Gladys, quien cedió. Me
llevaron a vivir a Cordero con ella.

Durante los días del INAM viví aterrorizada. El lugar
era una casa hogar en un galpón, rectangular, con su
patio en el medio. En eso se parecía al internado. Camas en línea, varios lockers, una zona donde las niñas
hacían sus actividades y el comedor. Eso era todo. Allí
había niñas de todos los tipos, malandras, muchachitas
a quienes habían violado, niñas que las habían dejado,
criaturas abandonadas, incluso en peores condiciones
de las que yo había vivido.

"Me dejaron en un orfanato", fue lo primero que
pensé. "Aquí me quedo hasta que cumpla dieciocho
años", porque si algo tenía claro es que a esa edad iba

a ser libre. Yo contaba: "Tengo quince, son tres años aquí, al menos que alguien me rescate y me saque de este lugar". Y alguien apareció. Le doy gracias a Dios porque siempre en mi vida ha habido un rayito por allí, con sus cosas buenas o malas, alguien ha lanzado una cuerda para salvarme en el momento en que todo parece perdido. En el INAM no me gustaba la agresividad de las niñas que se peleaban las unas con las otras, se golpeaban feo.

No podía salir para ninguna parte, si uno no tiene un representante, o una persona, un tutor, uno no se puede mover de ahí. En esa área realizaban actividades, daban clases. Del INAM también salían niñas para adopción, lo que para nosotras y según lo que me comentaban era un arma de doble filo: "Tú no sabes que loco te va a llevar, ni con qué intenciones".

No lloré por estar allí, total había estado en sitios peores. Lloré por el maltrato psicológico, de tratarme a mí como si fuera una cucarachita, lloré más por la parte sentimental, no sentí miedo de que me fuesen a pegar o a maltratar, no. Lo que tenía era rabia e impotencia, ¿Por qué me trataban mal?, ¡Si yo era buena persona! Me preguntaba "¿Qué hice yo para que mi mamá no me quiera?, ¿Qué hice para que mi familia no me quiera?, ¿Qué hice para que mi papá no me quiera?".

El rechazo para mí era lo peor.

Me consideraba una niña normal, común y corriente, que quería jugar cuando tenía que jugar, que quería correr, divertirse, tener muñecas, darle palo a una piñata. En realidad, lo que quería era tener un hogar. Lloré mucho por eso.

Cada día que estuve ahí me hice un croquis mental, suelo ser muy organizada: "Si voy a estar tres años aquí tengo que aprender, hacer un curso de lo que sea. Pensé en corte y costura, como era lógico con la influencia de haber vivido con la señora Luzmila. Y allí en el INAM había de puntada y cruz, tejido con el tambor con el que se hacían figuras con los hilos. También había cursos de mecanografía, música y manualidades.

En todas esas actividades yo andaba rondando para tener la mente ocupada.

En las noches después de llorar lograba dormir, eso siempre he tenido: Duermo. Y llorar no es malo, al contrario, ayuda a la catarsis, a drenar y curar la rabia, a desahogar y eliminar el resentimiento que es tan peligroso y feo.

Allí también controlé mi lengua y mi impulsividad. Con todo lo que me había sucedido había aprendido que a la gente le molestaba que yo capturaba la atención de los demás, les molestaba a los niños, pero también a los adultos, lo que es peor.

Una semana después, mis profesoras de Química y de Biología me llevaron para Cordero donde vivía mi tía Gladys, quien firmó que ella se iba a ser responsable de mí.

Con mi tía Gladys duré algo más de seis meses. Ahí cumplía una rutina: salía de Cordero a las cinco de la mañana, me iba al liceo, tenía que tomar el autobús que me llevaba a Táriba, y luego otro que me dejaba en Palmira. Si tenía que estudiar en la tarde me quedaba ahí mismo en la plaza del pueblo, y otra vez para la casa a ayudar a mi tía a hacer lo que tenía que hacer y a dormir con un ojo abierto y otro cerrado porque le tenía miedo a mi primo. A él le gustaba tocarlo a uno y esas cosas. Con más o menos mi edad, no me gustaba, no me gustaba nada. Le tenía idea porque él ya había agarrado calle, había adquirido experiencia, ya no era un niño, mi tía peleaba mucho con él.

Así que dormía alerta, quizás no me iba hacer nada,

pero se me había activado el sexto sentido que siempre he tenido. Cuando algo me dice "Cuidado, para dónde vas", me detengo y no sigo.

Estuve con mi tía Gladys y ella me quitaba lo poco que me daba eventualmente mi papá que me lanzaba algo de dinero en efectivo en la misma rutina de pararse en una esquina yo en la otra, y al cruzar me lo entregaba y me decía: "Sigue, sigue", como si estuviera vendiendo droga.

Cuando llegaba a la casa no era que tenía que entregar el dinero, pero sabían que yo tenía la plata de mi papá. "¿Y cómo te fue?, ¿Qué te dieron?", así que lo que me daban, una parte me la quitaban.

Además, yo tenía que ayudar en la casa, no me iban a tener de gratis. Pagué por todo, pagué por mi ropa, por mi comida, lavando, cocinando, recogiendo, limpiando. A mí nadie me dio nada gratis, nada, porque todos me pasaban factura. Y como durante el día no podía, no me daba tiempo de ir a comer a Cordero, yo pasaba hambre, transcurría el día entero sin comer, o con lo que pudiera conseguir pidiendo o con la arepita que me hacía en la mañana y que me llevaba.

En esa época empecé a conocer a un muchacho que

se llamaba Robert. Él me veía en la plaza y me decía "Veru, ¿No quieres ir a comer a mi casa?". Eso para mí era la gloria. Yo igualito a todo lo que fuese comida nunca decía que no. Por él también conocí a su hermano, se llamaba Edwin, conocí a su hermana que se llamaba Deyrdré. Todos estudiábamos en el mismo colegio, el "Maica". Me fui haciendo amiga de ellos y entonces ellos le decían a su mamá que me permitiera estar más tiempo en su casa. Primero me quedé un fin de semana, volví otra vez y me quedé otro fin de semana, un día dijeron: "Mamá, por favor, ¿Por qué Veru no se queda con nosotros?", me quedé un fin de semana, volví otra vez y me quedé otro, y así.

Con ellos comía en la mesa, normal, hasta que empezaron los roces por yo ser muy cariñosa con su mamá, por demasiado servicial, ofrecerme a hacer todo: "Yo lo hago", pintar, lavar, reparar cosas. Tal vez he debido decir que no en su momento, y no resolver tantas situaciones. La señora tenía dos hijos mayores, y cuando vio que me estaba haciendo noviecito de uno, pues se encendieron las alarmas, y ella tenía razón, era una gran responsabilidad. Yo seguía en Cordero con mi tía y comencé a pasar mucho tiempo con la señora -llamada Gladys también- así que un día mi tía me dijo que fuera a buscar mis cosas que estaban en una caja de cartón.

Salí de Cordero. Estaba como la carpa de circo, desmóntala aquí, móntala allá. Con la señora Luzmila había perdido el contacto.

Mi mamá Marlene se quedó eternamente en Margarita. Yo no la volví a ver hasta los diecisiete años y medio. Me llamaba de vez en cuando donde la señora Gladys quien dijo lo mismo que la señora Luzmila cuando me recibió: "Si en mi casa comen cinco, pueden comer seis. Veruzhka aquí va a estar cuidada, no le va a pasar absolutamente nada".

Mi mamá fue hasta donde yo estaba, era lo mínimo que podía hacer. Luego empecé a estudiar en el liceo, y se repitió la incertidumbre sobre quién buscaba mis notas. No tenía representante, nadie iba a dar la cara por mí, yo vivía con una familia, pero no tenía a alguien que respondiera ante cualquier situación o problema, incluso en un evento social como el Día de las Madres, o el Día del Padre. Nadie. Y en esas circunstancias los niños son crueles y se burlaban de mí.

En casa de la señora Gladys aprendí a cocinar. Ella tenía ingredientes para hacerlo. Por ejemplo, había verdura y ella hacía mucho suflé. Rallaba zanahoria, remolacha, todas las verduras que encontrara, sal, batía huevo, le echaba harina, y directo al horno. De ahí salían esas tartas, que para mí eran suflé. En la casa nos teníamos que turnar los hijos y yo, para cocinar.

Ellos eran cuatro: Alexander, Robert, Edwin y Deyrdré. Ella era maestra, tenía un léxico riquísimo, se vestía divino, jugaba bolas criollas –había un club y gracias a ella aprendí– cuando olía algo especial decía enseguida: "Está cocinando Veruzhka", repetía que yo tenía sazón. Aprendí viendo y además invento.

Hago un arroz que le dicen "lechantodo"; le echan todo lo que encuentran, es al estilo colombiano: se hace el picadillo, luego un sofrito y de último el arroz que ya está hecho, revuelvo todo aquello, espero a que se mezclen lo sabores y listo. Me gusta cocinar, aparte de mi trabajo, mi pasión es la cocina.

Una de mis recetas famosas es la del pollo guisado con papas. Yo sofrío primero el pollo, luego le echo los aliños y después que está todo bien doradito, es que le pongo el agua, su toque de sal y siempre uso caldo de pollo, un cubito de caldo de pollo, porque eso le da gusto a la comida.

También hago pisca andina: se pone a hervir media pechuguita, -me gusta hacerlo para darle sabor con un carapacho, el hueso de la pechuga- se le echa cilantro, cebollín, cebolla y se deja cocinar.

Luego se coloca medio cubito (porque yo con mi cubito siempre), después se añade leche, la papita picadita, luego se ponen los trocitos de queso y el huevo, y está lista para servir. Yo me acostumbré a triturarle galletas de soda, pero en Los Andes se come solo con el huevo, la papa y los trocitos de queso. Esa es la pisca andina, acompañada de la arepita que es flaquita, no de harina de trigo sino de harina pan.

La otra incertidumbre que se agregaba a quién me buscaría las notas, era de dónde iba a sacar dinero para los útiles. La señora Gladys me daba cobijo y comida, pero a mí nadie me ayudaba para comprar los útiles escolares.

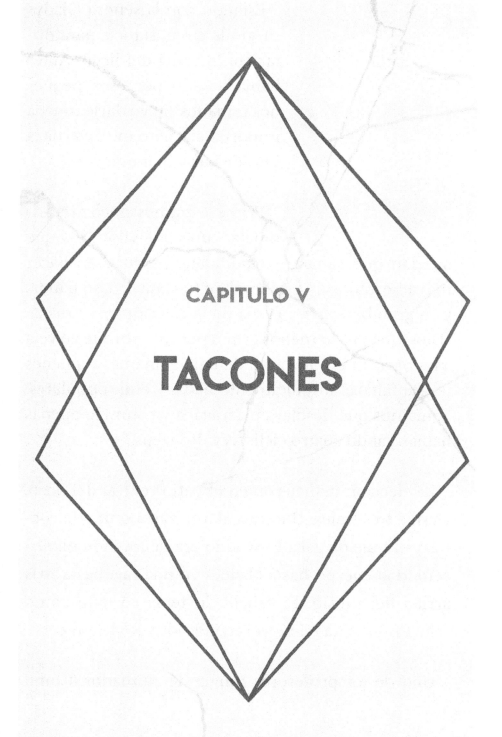

CAPITULO V

TACONES

Estando con la señora Gladys surgió la circunstancia para optar como reina del liceo. Antes había pasado por esos pequeños reinados sin yo darle mucha importancia, pero me divertía la idea de participar esta vez.

Primero éramos cinco precandidatas, una por salón; los que querían que ganara su candidata, procuraban hacer más alboroto, para eso llevaban su caravana, su banda, y su gran barra para el día de la elección, y yo decía: "Dios, que por lo menos griten por mí", porque yo veía a las otras niñas que eran de papá y mamá, a quienes no les faltaba absolutamente nada, y eran populares. Teníamos que desfilar en caravana y conmigo apenas habían salido cuatro ciclistas y dos jeeps.

La elección la hicieron en el patio central del liceo. Desfilé tres trajes: Uno casual, un traje bonito de coctel, y el traje de gala. El vestido era de torchón blanco ceñido al cuerpo hasta abajo, con una raja hasta más arriba del muslo. El cabello lo tenía cortado como "Niña Bonita" la telenovela con Ruddy Rodríguez.

Uno de los profesores fungía de animador. Como

era sin jurado, decidían los gritos de los muchachos y de acuerdo a ellos, el animador iba descartando candidatas, hasta que me nombraron a mí reina del liceo. Solo me pusieron una banda, no hubo corona.

Gané y me fui como un día normal a mi casa, con mi banda de reina, ni siquiera tengo fotos de ese día, lo importante es que era la reina del liceo, percibí que comenzaban a verme con otros ojos, como gente, me sentí muy contenta. Mi profesora de Biología, Elizabeth, en general mis profesoras del liceo, fueron muy especiales. Había tenido un profesor de Psicología, que hasta su nombre olvidé, que una vez me regañó y raspó al corregir un ensayo en el que tenía que hablar de mi familia. Me puso 01 y escribió: "Esto no te lo puedo creer". Yo le dije, "Bueno doctor, esa es mi vida, ¿Qué quiere que haga? No tengo más, no vivo con papá ni mamá, no tuve una directriz que me orientara en la vida, y he vivido arrimada, empujada, botada, recogida".

Y le empecé a contar: "Esto es lo que hago". Redacté la manera en cómo convivía en las casas donde había estado, lo que había pasado en esa situación. El profesor insistía: "Es que tenías que escribir la esencia de la familia". "Amjá. Y, ¿Cómo quiere que yo hable de la esencia de la familia si yo no tengo familia? O si la tengo, es de arte contemplatorio, es decir, no conviven conmigo, no comparten conmigo."

"No puedo inventar algo que no he vivido". No me creyó, aunque espero que después con el tiempo se haya dado cuenta. Hablé con mi profesora de Química, Carmencita -ella y mi profesora Elizabeth de Biología eran quienes me recogían las boletas-, hacían de mis representantes), yo les pedía permiso para ir a una excursión y todas esas situaciones en las que debía ser autorizada. Sin ellas yo no habría podido compartir muchísimas cosas. Las profes me dijeron: "Tranquila, que usted algún día va a ser grande" Mis profesoras Elizabeth y Carmen fueron mis dos pilares fundamentales.

Luego del triunfo en el liceo, me nombraron reina del Municipio Guásimos, que es el Municipio que agrupa a Palmira y Patiecitos; porque Táriba ya pertenece al Municipio Cárdenas. Esa elección es por designación del alcalde. Allí sí me dieron banda y corona.

El acto fue muy sencillo pero solemne: la gente asistió como a una importante fiesta de pueblo. Me citaron en la alcaldía y me acompañaron la señora Gladys y sus hijos. Recuerdo que me puse un traje rojo, largo, cuello tortuga, pegado al cuerpo, sin mangas, era como de lino, con botones dorados, con unos zapaticos negros, la banda era negra con escarcha.

Y era responsabilidad de la reina asistir a todas las fiestas del pueblo, ya mi presencia había adquirido fuerza, comenzaban a considerarme diferente, aunque siempre había uno que otro imprudente que me decía: "Mazorca eléctrica" o no sé qué. Ya me daban comida, me trataban mucho mejor, aun cuando igualito sentía el desplazamiento porque la gente era muy hiriente por la parte familiar. "¿Y tu papá?, ¿Y tu mamá?, ¿Y tú qué haces y de dónde eres?" Yo le decía mamá a Gladys, y papá al señor Albino y eso molestaba a los hijos de ella, por lo que entonces yo corregía: "Señora Gladys, señor Albino", para evitarme inconvenientes.

Pero cuando hacían alguna actividad del Día del Padre, del Día de la Madre, la gente pedía ver a la familia de la reina del municipio, entonces yo llegaba con mi familia putativa, y la gente maliciosa preguntaba: "¿Y a cuenta de qué ustedes ayudan a esta niña, o están con esta muchachita?".

Algunas otras veces sentí el resentimiento de las demás niñas de "¿Por qué ella y no yo?". La verdad es que había tenido muy pocas amigas en mi infancia, sólo Luz que era la hija de la señora Josefa y el señor Palmidio al que yo le robaba la yuca en la nevera, con ella sí compartí muchísimo, tenía mi edad y resultó una eminencia, se graduó cum laude y está casada, tiene una bebé. De vez en cuando me escribe por Instagram y me dice siempre cosas bonitas. "Veru, tú fuiste inspiración para mucha gente, nos alegra ser partícipe de una pequeña parte de tu historia". Después de ese reinado seguí con mis responsabilidades en el liceo, a veces ayudaba a mis profesoras en lo que hiciera falta.

De la señora Luzmila no volví a saber, perdí contacto con todo el mundo, hasta después que gané el Miss Venezuela.

Estando donde la señora Gladys aparecieron unos jóvenes gay, se llamaban José Gregorio y Kenny e insistieron en que debía participar en la Feria Internacional de San Sebastián. Yo era buena estudiante, pero hablaba muy mal, decía "Ibanos, gritábanos, veníanos", y me expresaba como campesina andina, con el dialecto de allí, no modulaba y había normas de buenas costumbres que desconocía. Era limitadamente educada, hasta ahí. "Nosotros la preparamos y la vamos a mandar al casting para que ella vaya aprendiendo", dijeron los muchachos. Yo le rogué a la señora Gladys: "¡Déjeme ir!". Ella me veía con cierto escepticismo, como diciendo, "Bueno, es la ilusión".

Le prometí a la señora Gladys: "Usted va a ver que voy a aprender y voy a mejorar y voy hacer mis cosas". Le dije a mis hermanos y fue un chiste para ellos. Cuando se enteraron de que yo había superado el casting entre 60 niñas, tomaron más en serio el asunto.

Fue un cambio importante. Me sacaron las cejas, era mi primera vez y el proceso me dolió. Me transformaron, porque yo era un varón en pasta, me pintaron el cabello, me hicieron reflejos color miel, me afeité las piernas. Mi mamá me había dicho: "Yo te llego a ver con las manos pintadas y con las cejas sacadas y lo que te viene es paliza". Después que me afeité las piernas me las sentía más largas, más grandes, más limpias, más suaves, hasta me las sentía más gordas, yo que siempre había sido tan delgadita. Ese par de jóvenes me impulsaron a participar en la "Feria de San Sebastián", donde no tuve mucho apoyo de la gente, pero no importó.

Vivía todavía con la señora Gladys, y me movía hacia San Cristóbal porque los muchachos me buscaban, o me pagaban el pasaje. Recogieron plata y se buscaron patrocinantes que me ayudaran con el vestuario y mis arreglos. Me acuerdo que ellos le pidieron ayuda a la "Lotería del Táchira" para que me diera los trajes para la "Feria de San Sebastián" y nos dieron unos de Carolina Cristancho de cuando ella hacía el "Kino Táchira" y yo me los puse.

Después al equipo se sumó Luis Antonio, y otro joven que también era un estilista llamado Marcos, más tarde conocí a Néstor Díaz y a Wolfgang Sánchez de la "Organización Miss Táchira". También al gordo Edgardo Quiñones, a María Auxiliadora Díaz, y a William Ávila (le decimos Turututú).

Realmente mi equipo eran José Gregorio, Kenny y Luis Antonio que eran maquilladores y estilistas, y Miguel Ángel Suescun que fue mi mejor profesor de pasarela, me deleitaba sólo de verlo. Me montaron en zapatos tacón 15 centímetros (no fue que comencé con 10 y fui aumentando) no, me ponían aquellos inmensos tacones de una vez, y vaya, si te caías, "Vuélvete a levantar". En mi vida sólo había usado tacones chiquitos, normal, de cinco o seis centímetros, hasta ahí, y por tiempo muy breve. A Soledad la hija de la señora Luzmila, yo le pedía que me llevara a su academia de modelaje: "Sole, lléveme para ver qué tal", y disfrutaba los desfiles.

A pesar de que ella tenía el pie chiquito, yo me ponía sus tacones hecha la loca en la casa, e intentaba medio desfilar. De Soledad también intenté copiar aprender a patinar, siempre quise hacerlo y con tantas cosas en la cabeza el asunto se me olvidó y ahora no lo hago porque soy mamá, no vaya a ser que me dé un mal golpe por idiota e irresponsable. Ella tenía unos patines de botines blancos con las rueditas rojas, tipo película que yo me ponía a escondidas y bajaba y subía, bajaba y subía, bajaba y subía en el patio, y ¡Me daba unos tortazos! pero igual, de Soledad me acuerdo de eso: Me ponía sus tacones y me ponía sus patines.

Empecé con lo de la "Feria de San Sebastián". Me llevaron al casting, lloraba mucho, pero para adentro. Fueron todas las niñas de la élite de San Cristóbal, la crema y nata. Yo parecía una paraulata porque era altísima, demasiado alta y las demás se veían a mi lado chiquitas. Me veía humilde; decían que se me veía la tierrita, una forma despectiva de la gente referirse a mi aspecto de pobre. Ante esto siempre dije: "Sí, yo soy campesina, soy de un barrio y me siento orgullosa de mi origen humilde, y me eligieron reina por el Municipio Guásimos, y ahora soy candidata a la Feria Internacional de San Sebastián".

Mis amigos gay se habían esforzado en buscarme ropa para que no me faltara nada, para que recibiera clases de pasarela. Se había constituido un equipo, hubo gente que me apoyó sin interés. Recuerdo de una manera especial a los señores de "ServiTurismo", a la señora Isabel que cosía vestidos con las telas que podíamos comprar, al periodista Víctor Matos del "Diario La Nación" que usualmente tenía lindas palabras y reportajes para mí.

Éramos como doce concursantes para la "Feria de San Sebastián". Destaco la labor de mi profesor de baile creo que se llamaba Manolo y me preparó para el evento.

Incluso con todo eso, a veces me fastidiaba la rutina, porque yo igual iba a la carnicería a ayudar a mis hermanos, y cuando podía hacía mis cosas personales porque no todos los días tenía que ir a San Cristóbal a lo de la Feria.

Ellos hacían una agenda y uno se programaba. Antes del evento de la Feria decidí entrar en el "Chica Táchira, San Cristóbal" -me dio por participar en concursos de belleza-. Eso lo hice con la señora Carmen Alicia Gamboa, del Instituto de la belleza regional del Táchira. Ellos supieron de mí, lo del liceo, que había sido la reina del Municipio Guásimos y les parecía una candidata potencial al "Chica Táchira San Cristóbal". Para ese concurso ofrecían patrocinio y nos daban los trajes. Ahí quedé de segunda finalista y la señora Carmen Alicia dijo: "Una de las fuertes candidatas para ir a Miss Venezuela es Veruzhka". Eso no me impresionó mucho, más bien lo dejé pasar, después seguí con mis estudios.

Cuando me inscribí para la "Feria de San Sebastián" ya tenía diecisiete años y cuando el "Chica Táchira" todavía tenía dieciséis. Yo montaba una bicicleta que me había comprado con lo que ganaba trabajando y no me la podían quitar. Era una bicicleta de semi carrera. Me iba con todos los hijos de la señora Gladys, más todos los muchachos del barrio tipo la "Vuelta al Táchira" en bicicleta, y recorríamos tramos dificilísimos.

Faltando días para el concurso, bajando de Abejales, uno de los hijos de la señora Gladys, me dijo "Pásame el agua", yo lo hice mal —en esas bicicletas los cauchos son muy angostos y es fácil enredarse-, me caí y me enterré el plato (donde va la cadena de la bicicleta), todavía tengo la cicatriz en la pierna. Por eso Osmel Sousa me decía que si yo jugaba de rodillas. Luego que caí, salió un viejito y me socorrió: "Mija tranquila, yo la ayudo". Yo veo que viene el señor con merthiolate, "Mija eso es rapidito; dos cosidas aquí, tres cosidas allí". Y yo: "Señor, ¿No tiene teipe plomo -la cinta que usan para envolver-?". "Sí tengo". "Démelo acá". Agarré con mis dos puntos, me trencé el teipe y bajé en bicicleta. Con la rodilla así, participé en el "Chica Táchira".

Los muchachos de la Feria, le pusieron corazón. Miguel Ángel se dedicó a enseñarme posturas y buenos modales, "Usted se tiene que sentar así". Yo era bastante impaciente e inquieta, llegaba un momento que me obstinaba y ya no quería hacer nada, zapateaba, pero ellos me ponían contra las cuerdas: "¿Tú qué quieres? ¿Seguir haciendo lo que hasta ahora, limpiando y recogiendo para poder comer?".

Insistían en que yo tenía potencial, basados en su experiencia con otras niñas que habían llevado a participar. Ellos disfrutaban que yo aprendiera, me procuraron clases de dicción y oratoria, eso les parecía urgente. Me insistían: "Veruzhka es muy linda, pero cuando abre la boca, ¡Por favor!".

Yo iba copiando y practicaba, caminaba. El grupo se fue haciendo más fuerte, aunque algunos se fueron retirando. Me quedé con Néstor, Wolfgang, María Auxiliadora, William, Luis Antonio, Miguel Ángel y Edgardo. A mí me encantaban porque ellos tenían su parte de show, les gustaba vestirse de mujer y cada uno tenía un nombre. Uno se llamaba Sheyla, la otra se llamaba

Bárbara Palacios, Bella Carolina La Porte, todos tenían su personaje.

Para mí eran unas personas admirables. Me indignan los maltratos a los gays, nadie sabe lo que ellos sufren para ser aceptados, incluso lloran más que uno por la discriminación. Disfruté el talento que tenían para maquillar, para arreglarme, para ponerme espectacular, y después verlos a ellos juntos con sus pelucas, jugando a ser reinas, era muy grato.

Me dieron clases de modelaje, me buscaron ropa de otras mises, ellos me arreglaban, yo salía impecable. Una vez me pusieron un traje que odié para toda la vida. Querían que yo llamara la atención y yo decía "¡Ay Dios mío, me siento como el propio avestruz!". Ese día me sentí incómoda y mi cara de tabla la tuve en todo el evento. "Ríete" me insistían, y yo, "Me quiero quitar este traje, no me gusta". Ese es el único traje que me marcó porque no me gustaba, era un liqui liqui con unos faralaos blancos, era vistoso, pero yo no entendía mucho en aquel entonces acerca de fashion y me sentía ridícula. Cuando no te sientes cómoda con un traje, es un problema.

Fuimos a varios eventos. En otra ocasión las misses andaban promocionando "Parmalat" en San Cristóbal.

Por la ciudad corrió la información de que Marena Bencomo, Anna Cepinska y Consuelo Adler iban a visitar la ciudad. "Llévenme, llévenme, llévenme", rogué a mis amigos. Como yo era muy flaca me llevaron para una tienda de la familia Betancourt y ahí me pusieron un pareo claro. Mis amigos eran súper creativos y con un pareo te hacían un vestido, te arreglaban ese pelo y quedabas estupenda. Yo hice mi cola, para saludar a las misses. Llevaba tres potes de leche para que las misses me firmaran mi autógrafo y ahí fue cuando me vieron. Estaba María Kallay, que en paz descanse, mujer muy importante de la organización "Miss Venezuela" en ese momento, y era quien dirigía y coordinaba a las misses. Yo fui, me firmaron mis potes, me miró Marena Bencomo, Miss Venezuela 1996, y me dijo: "Tú eres bella, imagínate si tú llegas algún día a ir al concurso y yo te corono como Miss Venezuela". Yo volé hacia una nube, fue muy lindo. "¡Ay!, Muchas gracias señorita", le respondí.

Me regresé y llegué con mis potes de leche autogra-fiados contando lo de Marena y las misses, feliz, y los muchachos de mi equipo: "Párate derecha, habla bien", pendientes de mí.

Me fui donde la señora Gladys; estábamos preparán-donos para el desfile de carroza de la Feria -mi carroza me la hicieron los artesanos "Cesteros de Abejales"- y era bella. Tenían que buscarme un traje acorde para el desfile que se realiza una semana antes del evento principal. Wolfgang me había dicho: "¿Tú te imaginas que nos llamen y te inviten a participar en el Miss Ve-nezuela?". Yo ni pendiente, lo veía muy lejos, pero una mañana de un día normal sonó el teléfono, yo estaba limpiando la casa -igual era candidata a la Feria y ya creaba incomodidad porque llamaba más la atención y era más popular-: "Queremos hablar con Veruzhka, de parte de la Organización Miss Venezuela". Contesto, "¿La Organización Miss Venezuela? Hola, señora María Kallay, ¿Cómo está usted?", yo toda emocionada. "Ne-cesitamos que vengas el jueves a las diez de la mañana a la quinta Miss Venezuela, que te quiere ver Osmel", me responde, era lunes. Colgué el teléfono en estado de shock.

Los muchachos lo sabían porque previamente habían contactado a Néstor, a Wolfgang, a mi equipo de trabajo, y ellos pidieron que me llamaran directamente para que me emocionara.

Fuimos a la misma tienda de San Cristóbal, "Tiendas Rajú" de la familia Betancourt, nunca se me va a olvidar. Ahí me regalaron un traje de baño de dos piezas, negro floreado. Sólo había tenido un traje de baño dos piezas, de esos que me vendían los buhoneros en la playa cuando vivía en la isla de Margarita que era verde fosforescente, de tiras negras con agarrado de playa, y ya el fosforescente ya no era tan fosforescente. En la tienda me dieron un vestidito blanco, tipo paño con tela gallineta de cuadritos. Alba Elena Sanabria me regalo sus zapatos Lucchi, transparentes. Y una de esas líneas de autobuses nos regalaron los boletos para que fuéramos a la quinta Miss Venezuela.

Sentía el mundo inmenso.

CAPITULO VI

MISS VENEZUELA

No dormí, no pegué un ojo en toda la noche. Fui con Néstor, con Wolfgang y con William, con Turututú. Miguel Ángel me dijo, "Ahora vas a tener que estudiar el triple".

Ellos fueron muy estrictos, se organizaron para enseñarme muchas cosas. Nos fuimos a la aventura, no teníamos donde llegar, nos bajamos en el Nuevo Circo, brincamos al Ateneo de Caracas y ahí, en un banco de plaza me maquillaron, me cambié delante de todo el mundo, me pusieron el traje de baño y, ¡Vámonos para la quinta Miss Venezuela! Yo iba asustadísima, temblaba de los nervios y cuando llegamos, los muchachos: "Ya sabes, femenina; tienes que ser bella, batir ese pelo". Y yo lo que hacía era agarrarle la mano a Osmel: "Señor, disculpe que haigamos llegado tarde, perdóneme, no fue mi intención". Osmel apenas me vio me dijo: "Puro pelo y puros ojos". Yo era muy delgada.

Me montó en la ruedita, esa que él utiliza para evaluarnos, luego me dijo: "Tú eres Miss Táchira" y enmudecí. Enseguida María Kalley llamó al cirujano plástico Alberto Pierini al Hospital de Clínicas Caracas para que "Reciba a esta niña". Salimos de la quinta y yo no había reaccionado, guardaba un silencio profundo y los muchachos no paraban de hablar: "¡Vamos al Miss Venezuela!, ¡Vamos al Miss Venezuela!".

Yo todavía estaba participando en la "Feria Internacional de San Sebastián", no había concursado porque eso fue a finales de noviembre, y la Feria es a finales de enero.

Nos fuimos al Hospital de Clínicas Caracas, me senté y ahí fue donde reaccioné y empecé con una brincadera loca y entonces se abre el ascensor y veo que está el doctor Alberto Pierini hijo: "¿Y tú que vas hacer?" Yo le respondí osada: "Voy a ir al Miss Universo 1998". Y él en la carpeta puso "Miss Universo 1998". Todavía la tiene. "Hay que hacerte la nariz, el mentón y el busto". Y Osmel ya me había mandado a engordar 10 kilogramos.

Regresamos a Táchira, sólo tenía en la cabeza cumplir con todas las instrucciones. Osmel nos repitió: "No digan nada", fue inútil, se filtró la información y se prendió el lío. Me acusaron de haber pasado por encima de la "Feria Internacional de San Sebastián", y agregaban el veneno: "¿Cómo una campurusa, una pata en el suelo que ni siquiera tiene familia, actúa de esa manera?". Me atacaron las otras candidatas de la Feria, junto a sus padres y grupos de la sociedad tachirense. Fue una guerra fuerte donde me desplazaron de todos los eventos.

Ya Osmel estaba haciendo seguimiento a lo que sucedía y nos ayudó a conseguir diseñador para el traje de gala de la Feria. "Pueden ir donde Dubal Ariza en Maracaibo, díganle que los mando yo con todo cariño", además Néstor y Wolfgang, tenían muy buena relación con él. Nos arrancamos para Maracaibo en carro -no sabía que era tan lejos- llegamos donde el diseñador, él es muy coloquial, muy jocoso, "¿Y esta es la niñita? ¡Pero a ella se la va a llevar el demonio!", dijo sonriendo con picardía.

Yo era como la muñequita, el arlequín. "Llegó la Miss", y ellos me modelaron, me hicieron fotos, me arreglaron el cabello, me buscaron ropa, ubicaron a Octavio Vásquez para tocados y sombreros -que ahora es también diseñador de ropa- quien con gran generosidad me ofreció su casa en Caracas ya que no tenía donde quedarme: "Esta niña tiene potencial".

Cuando llegamos a Maracaibo hicieron una cena increíble -a Roberto, la pareja de Dubal le encantaba cocinar- aquella comida quedó suculenta -creo que fue chivo en coco-, también estaba una modelo internacional, Roberta Di Blasio que calzaba como 45, era bella, femenina, espectacular y dije a los muchachos: "¿Me van a poner a comer con cubiertos? ¿Y ahora qué voy hacer?". Yo me cuidaba de comer en sitios públicos, y si no había alternativa, observaba, si abrían servilletas yo las abría, todo lo imitaba, pero era angustiante.

No sabía casi nada de reglas de etiqueta ni de proto-colo. Lo único que tenía claro es que debía limpiar mi boca y no eructar en la mesa, ni jugar con los cubiertos. Había comido con cuchara toda mi vida, y usar cuchi-llo y tenedor era un acontecimiento, porque los utili-zaba muy de vez en cuando, no eran mi prioridad.

Así que cuando ellos sirvieron la comida y todo el mundo arrancó a comer les dije: "¡Ay miren, será que ustedes mañana me enseñan con los cubiertos, hoy voy a comer normal!".

A ellos les impactó favorablemente mi desparpajo. "Tengo hambre, mañana si quieren me dan todas las clases de etiqueta", les repetí. Y efectivamente así fue, al día siguiente comenzaron a afinar mi preparación para la Feria: "Esto es así, la servilleta va aquí" y em-pezaron a ver qué me hacían de traje, cómo venía lo de la carroza. Dubal tenía un traje de diosa de ébano de Brasil, con el que me veía estupenda; en la cabeza llevaba un penacho bello, también blanco. Y mi traje de gala fue azul rey, así como una princesa y todo esto era con goma espuma, porque como yo era tan delga-da, me pusieron unas ballenas para que se me viera un poquito de volumen.

111

Cuando eso, Daniel Sarcos iba a animar por primera vez "Sábado Sensacional" en el velódromo de San Cristóbal, varios artistas empezaron en esa época.

Yo estaba participando como candidata a la Feria, pero también iba asistiendo como Miss Táchira, eso sacaba a todo el mundo de quicio, y cuando llegó el equipo de bailarines y el equipo técnico de trasmisión de "Venevisión", corrió el rumor de que había favoritismo por mí, cosa que se comprobó falsa para cuando llegó la hora de la coronación: quedé de última. Detrás, detrás, detrás de la ambulancia. Me dieron la banda de Miss Elegancia por el vestido. No quedé ni de primera, ni de segunda, ni de tercera, ni de cuarta; no entré en el cuadro. Nada, nada, nada.

Lejos de desalentarme, pensé: "no importa, yo voy a ser Miss Venezuela". Así se lo repetí a los muchachos. Lo escribía: "Tú vas a ser que la próxima Miss Venezuela". Hacía planas, "Miss Venezuela 1997, Miss Táchira, Veruzhka Tatiana Ramírez, yo lo deseo así, lo quiero así y lo voy a lograr". Mi mente procesó esa información y me convencí de que así sería. Como había quedado de última en la Feria, comenzó otra guerra que intentó boicotear mi participación. Osmel no hizo caso a presiones y yo seguí como Miss Táchira.

Empecé los tratamientos. Engordé como 5 kilos, más

de ahí no podía porque mi constitución es delgada. Se fue acercando la fecha de la operación.

La señora Gladys estaba muy contenta porque yo iba a ir a "Miss Venezuela". Ya no dormía en la colchoneta bajo la escalera, había pasado al cuarto con Deyrdré, digamos que había subido de estatus como diría mi abuela.

Igual seguía ayudando en la casa, era mi manera de pagar las cosas que hacían por mí. La señora Gladys conmigo fue muy correcta en el sentido de enseñarme: "Tienes que leer mucho, ahora que vas a al Miss Venezuela, te tienes que instruir, hacer caso, escucha a las personas que te enseñen, no seas impulsiva, no seas contestona, no seas grosera". Ella me leyó la cartilla, y yo le decía: "Va a ver que voy a regresar como Miss Venezuela". Ella me veía como la niña ilusionada.

El concurso era mi única agenda futura; hasta ese momento había presentado prueba para estudiar informática, y ese ingreso lo suspendí por la "Feria de San Sebastián". También había optado en la Universidad del Táchira para arquitectura y también quedé, pero salió lo del "Miss Venezuela" y no fui porque estaba segura de que el concurso era mi gran oportunidad. En esa época Miguel Ángel Suescun me dijo, "Te voy a dar el regalo que te va a servir para el resto de tu vida". Todavía lo tengo. Me regaló el libro el "Manual de Carreño". "Estúdiatelo de pies a cabeza, porque esto te va ayudar en muchísimas cosas".

Y yo lloraba, y mis amigos me decían "La niña se nos va para el Miss Venezuela". Y aquello era llanto y llanto de parte del grupo de la Feria y del "Miss Venezuela". Era es la primera vez que tenía realmente amigos que apostaban por mí.

Debía viajar a la capital y no tenía donde quedarme antes de la operación. Me alojé en casa de un primo de la señora Gladys que se llamaba Rodolfo, en Palo Verde, en Caracas. Y mi mamá apareció, ella fue la que me cuidó en el post operatorio. Llegó de la nada, no sé de dónde salió. Yo había conversado con ella algunas veces, de manera que ella sabía dónde estaba, y como nadie me podía acompañar, dijo: "Yo te cuido". Lo hizo y luego se volvió a ir.

Me hicieron la nariz y el mentón, el busto me lo hicieron después. Nunca había pisado una clínica como paciente. Había ido, pero a visitar gente, o de asomada, y lo que no me perdía era un velorio porque daban comida. Cuando me operaron recuerdo que en la clínica me dormía viendo el televisor, que estaban pasando

"El Chavo" y que era el día de las Madres, entonces Kiko cantaba: "Madre querida, mi corazón late", y salía El Chavo "Como concha de aguacate", yo moría de la risa y les tuve que decir que me quitaran el televisor, porque recién operada cómo me iba a reír así.

Mi mamá se fue, yo guardé mi reposo, y después regresé al Táchira y empezó aquella campaña destructiva y despectiva de la ranchusca, de la campurusa.

A todas estas necesitábamos apoyo para los gastos, pedimos ayuda a la lotería del Táchira y nos dijo que no, casi nadie nos quiso ayudar. Unos pocos, como mis profesoras del liceo y la gente del pueblo, hicieron una recolección pública para mantenerme en Caracas. Y así empezamos.

En mayo estaba en Caracas instalada. Llegué con un pantalón marrón, uno negro, un gallineto que es la tela esa de cuadritos tipo ajedrez -así le decía la señora Luzmila-, una franelita negra, todo combinaba con mis zapatos transparentes que me regaló Alba Elena Sanabria. Los otros zapatos eran calzados Lucchi mis únicos de toda la vida. El resto de la ropa era uno que otro vestidito que me iban regalando, reciclados para la "Feria de San Sebastián" que había sido de Carolina Cristancho.

Mis primeras fotos profesionales, me las había hecho cuando yo era candidata a la Feria, Don Antonio Trevisi –ya falleció– padre de Samuel Trevisi, quien junto a su esposa Karola y su hija me brindaron apoyo. Esa familia se portó muy bien conmigo. Cuando yo regresé siendo Miss Táchira me hicieron unas fotos inmejorables, ya estaba operada. Recién me había echado una matada montando bicicleta, porque yo seguí siendo "chiva", salía y jugaba fútbol y hacía mis cosas y los muchachos "Sabes que te tienes que cuidar el cuerpo, sabes que debes ser más femenina", y por no hacer caso terminé con un raspón en la pierna, en la foto se veía.

En la capital me quedaba en casa del diseñador Octavio Vásquez y cuando fuimos a la quinta la primera vez él me acompañó. Mi traje de baño era negro con rayas amarillas, y yo me sentía del "Deportivo Táchira", porque esos son los colores del equipo de fútbol. Y me acuerdo que estaban Osmel Sousa, María Kallay, Gabriel Ramos que era el asistente de Osmel en aquel entonces, y varios diseñadores, en la quinta rosada que quedaba en el Rosal.

Yo estaba nerviosa y al principio las otras candidatas parecían amiguísimas. En ese momento no había favoritas, luego fueron Christina Dieckmann y Daniela

Kosán; yo no figuraba. Lo básico necesario para las concursantes lo aportaba la "Organización Miss Venezuela", no había la política de los patrocinantes. Ahora es muy diferente.

Cuando llegamos a la casa, Octavio se sentó conmigo y me dijo: "Usted no tiene competencia, usted será Miss Venezuela, métaselo en la cabeza que se lo digo yo". Desde ahí empecé todas las noches "Yo soy Miss Venezuela, yo soy Miss Venezuela". Lo decía para mí, pero se reflejaba en mi actitud, en mi seguridad. Osmel se acercaba dónde estaba yo y a veces me agarraba la mano, y de ahí todo el mundo saltaba con "¡Ésta es la consentida de Osmel!". A él le impresionó mi voluntad y mi esfuerzo.

Octavio me regañaba mucho porque yo a veces dejaba los cubiertos, y él me encontraba en la cocina raspando la olla con la cuchara y comiendo como una salvaje. Yo le pedía: "¡Déjame respirar!". Y él me insistía: "Tú aquí no viniste a limpiar". Y yo insistía: "Pero yo lo tengo que ayudar a usted en algo, tengo que pagarle de alguna forma lo que está haciendo por mí". "Cuando ganes el Miss Venezuela, ese va a ser mi mayor éxito, que tú ganaste y que yo te ayudé". "¡Ah, bueno, señor Octavio!", siempre señor Octavio, yo nunca lo tuteé.

En los preparativos del concurso alcancé la mayoría de edad y Octavio me hizo una pequeña reunión. Me sentía un poco fuera de lugar porque la gente que estaba conociendo era de su entorno y yo estaba abrumada. Creo que Octavio se dio cuenta de que a mí me faltaba roce y empezó a sacarme de noche a discotecas. Yo era feliz en un mundo desconocido para mí. Iba con él para todos esos lados, lo que hacía era bailar y cuando me ofrecían de beber, rechazaba de inmediato. Nunca he bebido.

Quienes me pretendían, me decían: "Es que tú eres difícil porque ni siquiera bebes", y yo les respondía: "¿Pero qué quiere? Yo no me estoy regalando, ni vendiendo, si no me da la gana de beber, no bebo".

Reconozco que fui muy chocante con la gente que se me acercaba, pero es que había gente muy equivocada, que se quería aprovechar de la "gochita", porque todo el mundo pensaba que yo era una campesina que me habían sacado de tierra adentro. Y yo, independientemente de mi origen humilde, me sentía con el conocimiento de cómo eran las cosas, de poder diferenciar entre el bien y el mal.

Empezaron mis clases de oratoria, dicción y foniatría. La pasarela era Giselle Reyes. En el gimnasio mi entrenador era el señor Reinaldo Naranjo, quien se convirtió en un papá para mí, todavía lo es. Yo tenía que sacar piernas -realmente tenía que sacar todo-: Las demás sufrían para rebajar y yo para engordar; debía lograr volumen, me medían las pantorrillas, la cantidad de grasa, necesitaba moldear.

Las otras muchachas tenían su carro, yo llegaba en carrito por puesto, y a veces a falta de dinero, me iba caminando, lo hacía desde El Cafetal hasta El Rosal, y nunca falté ni llegué tarde a clases.

Comenzaron los primeros eventos y vino el desayuno "Kellogs", el famoso desayuno "Kellogs", la prueba de fuego donde está todo el mundo, para ver cómo comes, cómo gesticulas. Nos vistieron a todas iguales. En ese tiempo los trajes de baño los hizo, la marca "Tanilu". Wolfang, William, Néstor, Miguel Ángel y María Auxiliadora estaban atentos de mandarme plata o regalarme alguna prenda para que yo siempre estuviera bonita. Se trasladaron a Caracas para la recta final del concurso, y se encargaron de llevarme a los ensayos para mantenerme fresca. Cuando empezó el desayuno "Kellogs", yo, bastante nerviosa, pensaba: "¿Y si meto la pata y se me cae la comida?", porque había unas que me decían "Tú no estás acostumbrada a estas exquisiteces", y yo apretaba.... Eso le digo a la gente cuando hago las conferencias: "Uno hace el apretadito; ¿Cuál es el apretadito? Usted aprieta esas nalgas, cuenta hasta diez, respira profundo, y piensa que no ha pasado nada".

Listo. Eso lo hice 50 mil veces.

Después del desayuno empezaron a aparecer las primeras favoritas, entre Nueva Esparta, Táchira y Aragua está la "Miss Venezuela", tituló un periódico.

Yo hablaba gocho rajado, hacia adentro, no sabía proyectar la voz. Octavio me ponía a leer, a repetir trabalenguas para soltar la lengua. Me puse a aprender cultura general, muchos me veían como la no estudiada. "Yo soy bachiller, no soy bruta" pensaba para mí. Cuando bromeaban con mi origen o decían que los del Táchira somos brutos, yo les respondía: "¿Sí? Pero hemos tenido nueve presidentes de lo brutos que somos".

Una vez hicieron una especie de terapia, el ejercicio consistía en agarrar el periódico y golpear, drenar. Nos dijeron que las misses debían descargar. Yo veía que pasaba una y decía "mi papá", otra su hermano, y así, cuando me tocó pasar a mí y quien dirigía la terapia dijo, "Veru, cuéntanos" Y yo: "Mi origen es humilde; me he sentido muchacha de servicio hasta hoy porque siempre he estado lavando, limpiando, cocinando, haciendo de todo como una manera de retribuir, de pagarle a la gente".

"Lo que nunca entenderé es por qué me abandonaron, ¿Por qué mi padre no me quiso, mi hermano no sé qué...", y arranqué a darle a ese periódico, "Tacatá, tacatá". Se me metió tanto la furia que empecé a golpear la mesa, solté la ira, la rabia, el rencor y después me quedé congelada. Fue muy fuerte, y claro, las muchachas quedaron algo impactadas con cara de que ésta se volvió loca.

Desde que comencé a aparecer de favorita, la competencia se hizo más ruda. Algunas misses me trataron con desplante y hasta hicieron una reunión para que me descalificaran del concurso. Yo venía destacando, la gente se me acercaba, me divertía compartiendo con los camarógrafos, los bedeles, y las misses no se juntaban conmigo, muy pocas lo hicieron.

Amigas que recuerdo Anarella Bono, Ana María Tomicevic, Jennipher Rodríguez, Heidi García. Una vez nos fuimos para la playa −nos sentíamos las chicas Baywatch- después salimos a una discoteca y al día siguiente las pastillas de sábila. Ese truco era típico en las mises para perder los kilos. Todo lo que habíamos ingerido el día anterior, pa'fuera. Bueno, yo no bebía, yo comía. Todos los lunes nos pesaban en la quinta Miss Venezuela, eso era traumático, la que tuviera 2 kilos de más, era seguro que salía llorando. Empecé a ir al gimnasio con mis licras y percibía el cambio en mi cuerpo.

Noté cómo me miraban los hombres y opté por vestirme más recatada, eso de provocar para que me vieran, me molestaba. Yo soy alegre, divertida, muy cariñosa y la gente se confundía, lo que en la vida me había generado problemas, así que quería evitarlos de nuevo.

Entrenábamos en el Centro Lido. Me llegó un momento de necesidad, la plata se había acabado. A veces secaba el pelo a las mises por cinco bolívares, era la manera de ayudarme. Anarella siempre colaboró conmigo.

Octavio me ayudaba, pero no podía hacerlo todo el tiempo. El señor Reinaldo –el instructor- me empezó a proteger. Su niña predilecta era Daniela Kosán, pero después me fue mostrando su cariño. Veía que yo llegaba a las seis de la mañana para después irme de la quinta a las siete.

Teníamos todo el día de trabajo y en la noche me

iba al gimnasio, "Señor Reinaldo, ¿Será que yo puedo dormir en el gimnasio?", le pedí. Dormí cinco o seis veces en el gimnasio del Centro Lido con una manta, en una colchoneta porque no tenía dinero; a veces el señor Reinaldo me preparaba comida, me hacía la lonchera. Un gran hombre.

En una oportunidad que entrenamos en el "Iron People", en Colinas de San Román, arriba donde una entrenadora llamada Patricia -esas lunas que le pasaban a Osmel a veces por su cabeza y decidía cambiar de gente-; la chica daba una clase tarde en la noche y a nosotras nos esperaba el autobús y yo era la última, me estaba cambiando y las otras misses dijeron, "No falta nadie", y se han ido dejándome sola y tuve que bajar de Colinas de San Román hacia la ruta de El Cafetal hasta llegar a casa de Octavio. Agarré un palo enorme pensando que así me iba a defender de ladrones o de otra cosa porque estaba en licras pegadas. Maldades de misses.

Llegamos al momento de seleccionar los diseñadores.

A las misses nos colocaron y Osmel empezó: "A fulanita de tal la va a vestir Raenrra, a la otra la va a vestir Margarita Zingg", y cuando dijo "A Miss Táchira la va a vestir Ángel Sánchez", se hizo un silencio revelador. Sentí miradas de estupor, un no sé qué. Era una clara señal de que estaba entre las favoritas. Cuando llegó mi prueba de diseñador, y llegué al atelier, le dije "Señor, yo no sé de moda, usted es el que sabe, entonces es usted quien tiene que ver qué me queda bonito". Ángel Sánchez me sacaba las muestras y yo repetía "Está bonito, esta bonito, está bonito".

Mi vestido fue en organza con líneas de acetato, verde aceituno, era una sola costura, tuve que estar parada como dos horas para que hilaran el vestido sobre mi cuerpo, me veía espectacular, parecía forrada. Mis zapatos eran de calzados Ezio y mis zarcillos de George Wittels. Mi estilista era Julio César Arráiz. Un equipo de lujo.

En los ensayos en el Poliedro de Caracas, la competencia se volvió feroz. Yo compartía con el personal técnico, con los camarógrafos, con los que recogían las cosas. Ese año contrataron para el espectáculo al circo de los "Hermanos Gasca".

En el Poliedro estuve impecable, se me hinchaban los pies, pero nunca me bajé de los tacones, eso me quedó de Miguel Ángel, incluso al salir del gimnasio, me ponía los tacones.

Un día una amiga estaba comiendo naranja o mandarina y le dije, "Regálame un gajito". "No —me respondió- si quieres cómete las conchas". Y yo agarré mis conchas, como la señora Luzmila que comía conchas porque decía que las conchas de mandarina y naranja quitaban la ansiedad y las ganas de fumar. A todo le sacaba una ventaja.

Por los días de los ensayos en el Poliedro de Caracas, vino la Gala de la Belleza. A Octavio le tocó hacer todos los tocados y sombreros. Como era de esperarse el mío fue impactante, ya se sentía la competencia fuerte; si las misses tenían la oportunidad de colocar su pie para que te fueras de boca, lo hacían. Escondían las cosas, te dañaban los tacones, a mí me robaron el estuche completo que me habían regalado para hacerme los rollos térmicos.

Se efectuó la Gala de la Belleza la cual se realiza un mes antes del concurso, en la que ya destacaban muchas niñas de ojos color verde, muy bonitas, y para el momento de seleccionar los ojos más lindos, yo me decía "Ese premio es para mí"; el resultado lo anunciaba Viviana Gibelli —que era la presentadora-, y yo: "Di que los ojos más lindos son para mí". Y así fue. Mi traje baño era dorado con un penacho bellísimo de pavo real.

Esa noche nos fuimos a rumbear. Me entregaron de premio una copa dorada, y yo preguntaba, "¿Por qué no tiene comida adentro?". Me angustiaba cuánto tenía que comer porque yo comía al revés de las misses: hamburguesas, lentejas, arroz; aunque cuando el concurso se fue acercando, Reinaldo me cambió la alimentación por una dieta más sana, para agarrar masa muscular, la cual apareció después de mucho tiempo.

Seguimos los ensayos, yo fui muy solitaria, casi ermitaña. A veces compartía con una que otra amiga, Monagas, Falcón, con Bolívar, con quien se metían mucho, le decían que estaba de relleno, lo que me molestaba, porque todas tienen su ilusión.

Mi dermatóloga fue Sonia Roffé, nos hacían los peelings, nos ponía la piel hermosa. El doctor Pierini estuvo presente y también me ayudó mucho, él y su familia. El entrenamiento para el evento era agotador, íbamos, veníamos, gritábamos, llorábamos porque el cansancio se imponía, literalmente nos exprimían.

Vino la presentación del jurado. Era una mesa redonda donde iban sentando a cada miss por dos minutos, mientras las demás oían cómo le iba a la otra. Ese año el jurado de "Miss Venezuela" era muy numeroso, como treinta miembros. Se hacían grupos en mesa redonda y todos te interrogaban. Lo mío fue rapidito. "¿Usted es la de San Cristóbal?". "Sí, yo soy de San Cristóbal".

"¿Qué opina de la situación política, económica y social del país?", fue la pregunta del jurado. "Venezuela en estos momentos está atravesando por una situación no muy favorable. Pienso que los políticos no se forman detrás de un escritorio, se hacen en las calles, tienen que compartir para ver las carencias" ... Y por ahí me fui... Me tiré un discurso que el tipo dijo, "Muy bien, Táchira".

Estaba preparada, vivía rodeada de aquellos que me caían a preguntas y en las clases de oratoria había adquirido desenvolvimiento, en cada minuto libre me ponía a leer. No sé quién fue la mejor, pero sentí que había salido bien parada.

Terminó la presentación al jurado, y seguimos con los ensayos del "Miss Venezuela". Los muchachos habían alquilado un apartotel y me quedaba con ellos. No dormía donde Octavio porque William que era el que tenía carro, me llevaba al Poliedro para que yo no llegara tarde y me mantuviera impecable, maquillada, vestida y entaconada.

Nosotras teníamos uniforme, esa era la ventaja, no

como ahora que van vestidas de civil. Ir uniformadas iguala condiciones y permite destacarse, no por lo que llevas puesto, si no por la actitud, por la expresión, por la armonía. El mismo traje y los mismos zapatos. Y había exigencias, nada de trescientas pulseras, en las orejas, las piochitas -así decía María Kallay-, zarcillitos pequeñitos. Ahí no había anillo, no había reloj.

No había ropa interior, porque no les gustaba que se marcara la pantaleta, entonces como nosotras andábamos en licra, y la licra era como body, era suficiente. Siempre me preguntan por la noche anterior al certamen. "¿Veru, tú estabas nerviosa? ¿Dormiste esa noche?". Yo dormí como un clavel, profunda. William me dice en la mañana: "Veru, es que tú anoche te acostaste y dijiste, mañana gano el Miss Venezuela; estoy muy agradecida por lo que hicieron por mí, mañana es el gran día y voy a tener un celular -yo soñaba con un celular para poder hablar con todos, nunca había tenido uno, siempre andaba con mi tarjetica Cantv-". Y me acosté a dormir. Nunca he logrado recordar haber dicho eso a ellos; estaba en mi mundo, en mi nube.

Soy muy devota del Divino Niño, recé: "Divino Niño te lo pido de todo corazón, protégeme, guíame, ábreme los caminos. Virgen de la Consolación, te prometo que si yo gano te llevo una réplica de mi corona y la banda. Dame esta oportunidad, me la merezco".

Yo quería ganar no era por tener la corona, quería demostrar que yo valía como gente, aunque después es fuerte y triste, descubrir que tenía que ser reina para que tus afectos te valoraran, para que una madre, una tía, una abuela, un hermano y demás familiares y asociados, te trataran con respeto y algún cariño.

Cuando llegó la mañana me levanté con una sonrisa de tope a tope. Apenas entré al Poliedro dos miembros del equipo de seguridad de los "Hermanos Gasca" me dijeron: "Veru, esta noche ganas". Entré y las señoras del circo con quienes yo me la pasaba brincando, me dijeron "Tú vas a ganar ésta noche". Llegué a mi camerino y me llamó el estilista Miguel Russa: "Hoy será coronada una Cenicienta".

Empezó el Miss Venezuela. Mi barra era chiquita, la letra de la pancarta se veía mínima. Alguna parte de la familia había hecho un esfuerzo por movilizarse, como la señora Gladys, algunos hermanos de ella, mi primer equipo de muchachos, eran como veinte, pero se escuchaban como si fueran más, gritaban "¡Táchira!", con fuerza.

Por momentos parecía que los nervios me iban a descontrolar, pero yo ahí. Agarré mi medallita del Divino Niño y me la puse en el pecho, esa medallita no se me cayó en toda la noche. Me temblaba hasta el apellido. Por mi mente pasaba la película de los ensayos en los que me esforzaba por hacerlo mejor que todas. Yo tenía que estar adelante, eso de que me colocaran atrás, no, debía ser de las primeras en bailar, y así fue. Cuando comenzó el show tenía un tacón flojo, a mí siempre me dañaban algo. Yo caminaba y pensaba "Aguanta". Ya en un ensayo me habían desprendido un tacón.

Estaba de moda en ese momento la serie "A todo corazón" y su tema musical, así que su elenco participó en el show. Hubo muchos artistas, y el espectáculo central fue el circo y montaron a Miss Mundo Pilín León en un elefante, fue una buena época del Miss Venezuela.

Yo cada vez estaba más nerviosa, aunque me disfruté mi concurso. Cuando venía el traje de gala, ahí ya sí el corazón se aceleró, es la prueba de fuego. Dijeron "Miss Táchira" y puse lo mejor de mí. Después vino el intermedio musical, que son como siete u ocho canciones, lo que se me hizo eterno.

Luego volvimos todas al escenario y empezaron a nombrar a las diez finalistas. A mí me llamaron como de octava. Sólo pensaba: "Tengo que responder bien", porque con las diez finalistas es que viene la pregunta. "Dios de mi vida, permíteme que de esta boca todo salga bien, que se escuche perfecto".

Por un momento me di vuelta y vi la cara de tristeza de las que no clasificaron, de las que no nombraron, fue fuerte. Confieso que soy demasiado sentimental, y aunque me hiciesen maldades igual creo que a la gente hay que enseñarle a ser gente, sin ponerse a su nivel. Hasta hoy sigo siendo así.

La pregunta fue sobre el mito de la mujer venezolana en el mundo entero. Dije palabras más, palabras menos, "No es un mito, es una realidad porque la mujer venezolana no solamente se ha destacado en los concursos de belleza, sino en otros roles en el mundo entero".

Realmente no dije nada. Pasados los años me pongo a analizar la respuesta y me sigue pareciendo que no dije nada, pero lo hice con tanta seguridad, que me lo creyeron. Después vino otro intermedio musical, y detrás del escenario Giselle Reyes me comentó "Te toca duro", y yo, "Sí", "Cuidado y entras entre las tres", y yo, "Bueno, ojalá así sea, porque tendría un celular y un carro". Las tres primeras tendrían carro. Era otra realidad la que vivía Venezuela. En esa época pasaban de las diez a finalistas a las primeras tres, directo.

Cuando vino el momento de llamar a las tres, estábamos todas agarradas de la mano, y a mí me nombraron de última. "Nada, tengo carro y voy a Miss Internacional" –pensé- ganó Daniela Kosán como Miss Venezuela, y Cristina Dieckmann va al Miss Mundo".
"Ahora vamos a nombrar a Miss Internacional y es... ¡Daniela Kosán!". Ahí me dije: "Gané Miss Venezuela porque Cristina no me pudo haber ganado a mí". Y le susurré a Cristina "¿Será que gané?". Nos dijimos varias palabras, "Me encanta, estamos divinas", agarradas de la mano. "A Miss Mundo va... ¡Cristina Dieckmann!". Miss Táchira, yo, era Miss Venezuela. Salí brincando como si estuviera jugando basket, y me dio como un tic nervioso. Osmel tuvo que pararse y bajarme la mano, fue cómico.

Fue un sueño hecho realidad.

"¡Toma!", grité para mis adentros-. ¿Qué cara tendrían tantos que me habían despreciado, subestimado, maltratado? "Lo logré, gané el Miss Venezuela, esto es una lección para todo el mundo". Mi alrededor comenzó a moverse como en cámara rápida. Me decía, "Tengo que hablar bien, ya soy la reina del país, no puedo meter la pata". Y me colocaban para la foto, de aquí para allá y Octavio gritaba "Allí está mi niña, ¡Voy a cerrar la calle!".

Cuando me bajan, digo, "Señora María Kallay, ¿Cómo hago para mañana si yo no tengo pijama?" Ya estaba pensando en qué me hacía falta porque venía el Desayuno "Kellogs" en el que salen las misses con su bata de seda. Tenía que amanecer en el hotel para recibir a la prensa. Y Osmel me dice: "Ahora tienes que prepararte muy bien para el Miss Universo y empiezas desde mañana". Yo descansé sólo un día y el lunes ya estaba clavada aprendiendo de todo.

Fuimos a la recepción y los de seguridad me mostraban su felicidad, tan bellos. Luego fuimos al coctel. Yo estaba foto, y foto, y foto, y los muchachos, "¿Viste?, ¡Ganaste!" Y lloraban y yo lloraba más con ellos, todo era muy emotivo. Volvía y le preguntaba a la señora Kallay, "¿Y mi bolsito? No tengo pijama para mañana", ella repetía, "Tranquila mija, tranquila pioja, que yo tengo todo preparado". Ya era diferente.

Llegamos al hotel y yo no quería dormir sola, quería compartir mi felicidad. Los muchachos estaban conmigo, al menos los tenía a ellos, ya que no tenía un papá o una mamá. En el cuarto brincaba con Cristina encima de la cama. "¡Ganamos!", era nuestro grito.

Al día siguiente nos levantaron muy temprano. Nos arreglaron, en efecto nos colocaron una bata de seda. Yo me sentía como la princesa. Posamos sobre la cama, todas divinas.

Sentí que me podía desenvolver con naturalidad entre periodistas. Me acuerdo que fue Raúl de Molina,  el del programa "El Gordo y la Flaca" y se metió en el medio de nosotras y comentó: "Yo iba por la rubia, no sé porque ganaste tú". Y yo le dije: "Porque me tocaba, así de sencillo". Los periodistas buscaban confesiones, preguntaban por la pluma "Mont Blanc", que también nos regalaban, y así la entrevista fluyó con mucha naturalidad.

Después del desayuno "Kellogs" salimos para la casa del señor Octavio y comenzó mi entrenamiento para el Miss Universo. Empecé con clases de dicción, oratoria, foniatría, etiqueta, protocolo, maquillaje, peluquería, cultura general, inglés. Llegó un momento en que yo tenía clases desde las ocho de la mañana hasta la noche. Estaba indetenible.

CAPITULO VII

LA REPRESENTANTE
DE UN PAÍS

Gané en septiembre y en mayo ya tenía que ir al Miss Universo. La preparación fue dura. Una vez coronada Miss Venezuela la atención se centró en la historia de mi vida. Osmel la conocía porque yo se la había contado. La primera vez no sé si la tomó bien o mal, pero apenas empecé las clases me dijo: "¿Tú quieres otra vez ir a lavar platos, a lavar pisos?". Eso me pareció un maltrato, pero como me decía la profesora de oratoria, yo transformaba la maldad que se materializaba en mi contra, en algo positivo.

Me sentía retada, lo tomaba como una señal de que debía hacerlo mejor. Fue una historia que los medios comenzaron a replicar, algunos a distorsionar. Se activó el morbo y la piedad. Pocas horas después de mi coronación, me llevaron al programa de Napoleón Bravo que se extendió en las vicisitudes por las que he pasado. Repetí la película de mi vida, la relación con mi mamá, la cantidad de veces que no teníamos para comer, y un sector, como suele suceder, me atacó bajo el argumento de que mi testimonio era falso y que yo había inventado esa historia como una estrategia para ganar popularidad. Así es la vida.

El día de mi triunfo nadie me llamó porque yo no tenía celular. Después de la coronación algunas misses un tanto picadas me dijeron, "Bueno, yo quedé en el cuadro y toda mi familia está conmigo, tú ganaste y no tienes a nadie". En el concurso también se vive la crueldad.

La gente seria del país se tomó la molestia de corroborar que todos los datos eran ciertos, aunque la maldad estaba hecha. Incluso se hizo un programa especial en "Venevisión", donde ubicaron a la señora Luzmila en Colombia, hablaron con la señora Gladys, con mis vecinos, mis profesoras, con la gente del pueblo, hicieron un paneo de mi vida que me sacudió. "¡Dios de mi vida! ¿Aquí que hicieron?", sentí, plena de emoción. A la señora Luzmila la trasladaron de Colombia hasta los estudios, a mi mamá también la buscaron y ella lo que hacía era repetir que "Antes no podía hacerse cargo de la niña, que estaba pasando necesidades, que tenía que salir de muchas cosas". Yo veía el monitor del televisor y decía: "Te voy a matar, te voy a matar, ¡Ten tacto para decir las cosas!" Al final, a pesar de lo doloroso, fue un encuentro muy bonito. Claro, se vio la diferencia abismal entre mi mamá y la señora Luzmila. Mi abrazo inmenso a la señora Luzmila y a mi mamá, "Hola mamá, bendición".

Ese fue un programa especial, en el que mostraron entrevistas con saludos de toda la gente de mi vida, y los más importantes hablaron ante las cámaras, y luego de sorpresa entraban al estudio.

El programa tuvo una alta audiencia y lo repitieron no sé cuántas veces. "Y aquí hay otro señor que te quiere saludar" y salió el señor Palmidio, "Hola mija, estamos muy contentos y felices, y ahí le mando...", y de repente entran con un plato de yuca fría, y yo igualito agarré mi cuchillo y me la comí.

Una yuca sancochada fría de nevera con cilantro, más nada. También apareció un gentío que conmigo nada que ver. Salió una que dijo y que yo quería jugar volibol y ser estrella de ese deporte y que le decía a las muchachas que algún día iba a ser modelo, iba a ir al "Miss Venezuela", que supuestamente era de mis mejores amigas. ¿Mejores amigas? Cuando gané aparecieron algunos diciendo: "Como la veíamos a ella tan pobrecita y tan poca cosa, jamás creímos que ganaría el Miss Venezuela". Eso me desagradó porque comprobé que ahora me valoraban porque había ganado el Miss Venezuela y que yo realmente nunca les había importado, ni les importaría después. La verdad era que como "Miss Venezuela", ya no me tirarían agua caliente para que no entrara en las fiestas, pero probablemente me seguirían despreciando y hablando mal de mí, sólo que ahora yo ponía las reglas, y sabía quiénes eran ellos.

Cuando me llevaron al Táchira me entregaron condecoraciones y condecoraciones. El Botón de yo no sé qué, La Llave de yo no sé en dónde, la Placa de fulanito de tal. En una sesión fui Oradora de Orden y me acuerdo que mi discurso me lo hizo el periodista Roland Carreño, el cual preparó como yo lo quería, dejando sutilmente en evidencia a toda esa gente de la sociedad que tan mal me había tratado.

A partir de ahí me recibieron por todo lo alto; desfilé en caravanas, y desde una de ellas cuando vi a los muchachos del barrio que chiflaron, yo salté como siempre, y ellos alegres dijeron: "No ha cambiado, sigue siendo ella". Brinqué encima de mi profesora, los amigos, el señor que vendía las hamburguesas en la esquina.

Cuando fui a cumplir mi promesa de llevar una réplica de la banda y la corona a la Virgen de la Consolación, el pueblo se desbordó. Ahí fueron hasta mi nona y mi mamá. Ella estuvo presente en varios eventos y solo repetía: "Mija, que bueno que ganaste, qué bien, gracias a Dios, sigue triunfando". Estaba contenta.

Fui a San Cristóbal y a mi pueblo. La señora Luzmila fue con nosotros cuando me hicieron un recibimiento en Patiecitos y vi a todas las vecinas, las buenas y las no tan buenas. Yo me decía, les estoy dando una lección, ahora qué van a decir, ¿Que voy a salir embarazada? Me habían hecho la vida de cuadritos.

Fui a algunos lugares donde habías vivido, ¡Tantas circunstancias difíciles! Recordaba: "Aquí vivía la señora Luzmila, aquí la señora Rosa, cómo cambia todo".

Pedí que me pasaran por la escuela, por mi casa que estaba totalmente transformada, era otra porque se la había quitado a mi mamá un hermano de mi hermano, y había construido una quinta bellísima. Alrededor había otras casas construidas. Y cuando me llevaron a Palmira que antes se estaba cayendo, encontré al pueblo bien bonito.

Me acuerdo que yo tenía un traje liqui liqui verde manzana, y bueno, llevé a cabo una que otra travesura: en la gira por el Táchira como Miss Venezuela me quedé en el Hotel Dinastía con María Kallay. Todos los días tenía un evento y le confesé a María: "Me quiero sacar una espinita; quiero que me lleve a la carnicería de mis hermanos". Fui vestida regia. Y, "Hola Francisco, hola Pablo", y ellos estupefactos. "Vine a comprarles un kilo de carne". Y me dicen, "Toma, yo te lo pago". "No, gracias, ahora tengo cómo pagarlo", y salí. Me di ese gusto, pues. María Kallay me pasó el brazo diciéndome: "Muy bien mija, muy bien".

A mi papá no lo vi más nunca. Se corrió el rumor de que yo era hija de un hacendado ganadero, otra gente me propuso buscar a mi familia y hacerme una prueba de ADN; rápidamente yo detuve esas especulaciones: "Nací Veruzhka Ramírez y seguiré siendo Veruzhka Ramírez". Mi papá nunca intentó contactarme y mis hermanos tampoco. Perdí la pista de casi todos, la verdad es que me fui desligando de la gente. Marqué el antes y el después, caí en mi realidad que tampoco resultó fácil.

Eso sí, me cayeron muchachos... miles. Yo solo quería enfocarme en mi responsabilidad, en mis clases porque era una doble responsabilidad: no dejar mal a la gente que me había ayudado y no dejar mal a la "Organización Miss Venezuela" que había creído en mí para ir a "Miss Universo".

Me había ganado un "Mitsubishi Mirage", me compré un celular –al fin- "Motorolla" negro de los que parecían un ladrillo, yo feliz porque ya podía llamar a todo el mundo. Un día me tocaba ir a Clínicas Caracas, porque Osmel insistía en que tenía que hacerme la nariz otra vez, yo no quería y el doctor Pierini que conmigo era muy comprensivo, me dijo: "Vente y vamos a simular que te operamos"; lo que hizo fue colocarme uno de esos teipes quirúrgicos en la nariz y Osmel dijo: "Le quedó bellísima". Pierini me miraba con complicidad:

"Si supiera que no te hice nada, no lo necesitabas".

Tenía carro, pero solo sabía lo que era frenar y acelerar, frenar y acelerar, y hasta el sol de hoy manejo con los dos pies. Yo pensaba, tengo un carro allá abajo, le había puesto tranca palanca, todavía estaba viviendo en casa de Octavio, así que decidí irme a la clínica manejando. Le dije a un muchacho que me sacara el carro del puesto de estacionamiento y en el mismo garaje empecé a practicar, dando una vuelta, dos vueltas y me aventuré, así aprendí a manejar. La gente me tocaba corneta, me pasaba, y algunos "¡Ahí va Miss Venezuela!".

Llegué a Clínicas Caracas y estacionándolo le hice un rayón "de padre y señor nuestro". De ahí en adelante me bajaba en los sitios, le decía a alguien que me lo estacionara y me lo sacara para volverme a montar. Hasta que aprendí a manejar y a estacionarme. Y ese carro fue camioneta por puesto, porque servía para un gentío.

Una vez me bajé en una panadería y un señor que estaba ahí me dijo: "Qué bonita es usted... y su carro; nosotros dimos tres carros de esos para las Miss Venezuela". Y entonces el panadero le dice, es que ella es Miss Venezuela. Yo estaba con la cara lavada, vestida sencilla como mandaba María Kallay, pantalones estilo padrino, mis mocasines, mi camisita.

En Caracas me alquilaron un apartamento en Colinas de Bello Monte y me tocó vivir con Daniela Kosán y Patricia Fuenmayor. Ellas dormían en la sala y yo en mi habitación. Ambas habían comenzado como las chicas del tiempo, no tenían donde vivir y lo hacíamos juntas, pero no revueltas, yo era muy delicada con mis cosas. Un día la señora María Kallay entró a mi closet y se llevó mis trapitos, mi ropa, lo poquito que tenía. "Esto no te lo pones más". Tenía unas sandalias de cuero, "Esto tampoco; ahora vas a tener ropa nueva y tienes que andar siempre impecable".

Fueron muy amables conmigo en la Quinta, me llevaron a mis clases de etiqueta y protocolo, y el señor chef del "Eurobuilding" gozaba un puyero conmigo. Me sentía como en la película "Pretty Woman", cuando intentaba agarrar unos escargots y salían volando. Preguntaba "¿Cómo hago esto?"; todavía hoy no los he podido comer. "Tranquila que no pasa nada, vuélvelo a intentar" y entonces poco a poco fui aprendiendo, fui mejorando, agarrando buenas maneras.

Cumplía mi rutina que era clases todo el día y después me regresaba a mi casa. Llegaba cansada, por supuesto. A veces salía con Osmel a sitios y me quedaba dormida, me tuvieron que bajar un poco la dinámica de las clases, porque era agotador.

En ocasiones era muy divertido. Una vez Osmel nos llevó a una casa –no recuerdo de qué dama de la alta sociedad, pero sé que estaba servida una mesa espectacular, tres cuchillos, cuatro tenedores- y pasó el señor con una bandeja con una tacita y una rajita de limón, y yo bueno, sentada, me había colocado mi servilleta correctamente y "¡Ay, que rico, hay consomé!" Me tomé la agüita.

De más está aclarar la gran metida de pata de tomarme el agua que era para lavarse las manos.

Mis clases de oratoria trataban de reducir mi acento andino tan "rajao". Y debía hablar correctamente. Ya no decía "íbanos", ni "veníanos", hacía planas. Me daban clases los periodistas Igor Molina e Isnardo Bravo.

Un día con María Kallay estábamos en una cena, me habían vestido como solía acostumbrarse, sin pantis para que no se marcaran. Yo era como una carreta, empezaba a hablar y de repente me emocionaba, alzaba la voz y se me olvidaban las clases de feminidad. Estábamos echando los cuentos de la niñez.

Yo hablaba de mi tía Nella: "Sí, bueno, porque esa vieja me agarró –ya estaba subiendo el tono- ¿Y sabes qué hice yo?" Y en pleno cuento abrí mis piernas mientras gesticulaba "Y le metí esos gatos en la lavadora". "Es que no podemos con ella" decían los periodistas después a carcajada limpia. Y Osmel: "Así tú no vas a ir para ningún sitio". Y yo: "¡Ay, disculpe!"

En el interín tuve un bajón emocional. En la cercanía de Navidad me fui sintiendo triste. Aun cuando después de que gané "Miss Venezuela" había compartido con la señora Luzmila y Luis Miguel, sentía que me había quedado sin mundo anterior, sin referencia. Tampoco quería volver atrás a mi pasado doloroso, Táchira ya no era mi mundo. Que me trataran bien por ser "Miss Venezuela" no me halagaba, al contrario, me revivía maltratos de cuando le decían a Luzmila, o a Gladys: "Regálala, mándala lejos para que no salga embarazada". Sentía que lo tenía todo y que al mismo tiempo nada tenía. En pocas palabras, como Miss Venezuela me consolaba ver la alegría de la gente que me había ayudado, más la verdad es que estaba sola, me sabía sola, sin una familia que sintiera mía.

Y me contrataron a un psicólogo que se llama José Gregorio Piña, una nota, un gordo maracucho espectacular, que hasta el sol de hoy somos amigos. Me dijo: "Tú vas a salir de ese hueco donde estás metida". Era el Mundial del 98 y estaba pegada la canción "La copa de la vida" de Ricky Martin, "Alé, alé, alé". Me ponía la misma canción todos los días y me la hacía bailar. También salió la película "Anastasia", y claro yo me identificaba con la canción: "Anda vamos ya, por favor no temas". Repetía las imágenes sobre la niña que abandona el castillo, que se pierde. Él me decía: "Tu vida es más o menos así; aquí no hay ni príncipes azules, ni la mamá princesa, pero más o menos".

En el desajuste emocional había aumentado de peso porque había comenzado a comer como hambrienta lo que descontroló mi nivel hormonal. Con todo lo que había vivido, el organismo hizo "¡Bum!". Fue un período en que tuve que cuidarme rigurosamente con lo que comía, hasta que pasó y logré recuperarme.

Siempre me gustó entrenar y no quería perder el volumen, la entonación muscular, y el entrenador Reinaldo me ponía a hacer ejercicios en casa con una maceta, con un pipote de agua, con lo que fuera, porque eso era saludable.

Estuve quince días con José Gregorio el psicólogo y remonté otra vez. Trajeron a la señora Gladys que me hizo compañía, estuve unos días en San Cristóbal, pero yo veía que era muy diferente todo. Regresé a Caracas a pasar las Navidades y el 2 de enero empecé a estudiar de nuevo, a centrarme para el "Miss Universo". Él me trató hasta que volví a ser la misma y me subió el ánimo. Se quedó conmigo hasta que fui al "Miss Universo".

Estaba clara de mi gran responsabilidad, yo decía ya no soy Táchira, ahora soy mi país. El Miss Venezuela fue una inyección de conocimientos, donde aprendí de todo, de etiqueta, protocolo, maquillaje, peluquería, a desenvolverme, a ser cada día más amable con la gente, a socializar desde que te levantas hasta que te acuestas, porque a mí me conoció todo el mundo, desde el kiosquero hasta el autobusero, en todas las adyacencias de Caracas. Mientras fui "Miss Venezuela", traté de mantener el contacto con la gente, a veces me iba caminando y me detenía a conversar, eso me gustaba, de manera que, ¡Alfombra roja, no señor!, yo me fui ganando el afecto poco a poco.

Mi agenda la coordinaban Osmel y María Kallay. No tenía vida personal, mi fin de semana libre me iba con papá Reinaldo, que me bajaba para la playa, íbamos a la piscina de un hotel, y para atrás, o cuando me daban permiso iba a San Cristóbal un fin de semana, hacía evento social con todo el mundo, me llevaban para casa de alguien conveniente y para atrás, eso era todo lo que hacía. Pero salir, divertirme en una discoteca, bochinchar, rumbear, eso no existió, mientras me preparé para el Miss Universo. Tenía un itinerario de trabajo, y en mi mente no había espacio para más nada, solo para trabajar y prepararme, porque además sabía que tenía que aprender el triple de lo que una niña bien educada y toda esa historia. Después supe que pocas misses son disciplinadas.

Conocí misses que dijeron, "Yo me metí aquí para que me operaran las tetas y la nariz y listo, me salgo cuando quiera". Son otros intereses, o misses que no tomaban lo que la vida les ofrecía y no se cuidaban, en cambio yo decía: "Dios mío tengo que aprovechar esta oportunidad, yo no puedo volver a pasar trabajo en San Cristóbal".

Y Osmel me lo decía, me lo recalcaba, "¿Qué quieres, ir a limpiar otra vez?m ¿A limpiar pisos, a que te humillen, a que te traten mal?".

A todo el equipo siempre estaré agradecida. Me dieron clases de inglés en el "Berlitz" y mi profesor era un muchacho que me parecía guapísimo, y yo estaba como con un amor platónico, y decía, "¡Ay qué bonito!", le veía y pensaba: "Habla perfecto"; mi profesor de inglés era lo máximo. Y José Gregorio el psicólogo fue de lo mejor, estuvo en toda la preparación, me decía "Baila y brinca, y ahora respira y bota".

Todos mis profesores para el "Miss Universo" fueron una nota. Casi todos viajaron al evento, los únicos que no pudieron ir fueron el psicólogo, el profesor de inglés y mi entrenador. Todos habían seguido mi evolución y me tenían fe. "Veruzhka puede ganar", repetían, porque me veían esas ganas de aprender, esas ganas de triunfar.

Los recuerdos de manera especial cuando nos despedimos, porque yo viajé sola, te mandan así por los primeros días. No fue fácil, mi inglés nunca ha sido tan bueno, y estaba el tema del miedo que le tengo a los aviones.

Cuando estuve lista para el "Miss Universo" mi cambio había sido radical, yo era otra persona, muy femenina, hablaba mucho mejor, era más sofisticada, nada que ver con la que había llegado a aspirar a ser "Miss Venezuela". Me cambiaron el color de pelo, me lo pusieron cobrizo. Mi color original es castaño oscuro, para el Miss Venezuela era pelirroja, iban jugando con mi fisonomía. El que me gusta más es cobrizo. Actualmente volví a mi pelo natural. Desde la ocasión en que me corté el pelo cortico más nunca volví a teñirme el cabello.

Iba adquiriendo conciencia de quién era. Me habían nombrado la mujer más bella de Venezuela. Había dejado de ser la niña ordinaria, varonil, que prefería jugar fútbol, volibol, futbolito, y metras. Había completado la metamorfosis hacia una mujer sofisticada elegante, delicada, refinada. Yo como una esponja había estado absorbiendo todo. Me sentía parte de un trabajo, y un producto, y no me burlaba de quienes así me trataban porque yo entiendo que esa es la ilusión de cada persona: tener una reina de belleza o salir con una artista o una modelo, porque lo que hacen es lucirte, no hacen más, eso es lo de menos, y está en uno tomar la decisión respecto a quién le das cabida en tu vida; lo otro es como un trato profesional, como una vitrina.

Entonces cuando fui al Miss Universo la diferencia era impresionante. Además, sentía que mi vida había cambiado, más allá de lo circunstancial; internamente, cuando hablaba conmigo o con Dios, sentía que me había demostrado que, si uno quiere, puede, que era la prueba de todo lo que se puede alcanzar, que siempre y cuando se esté dispuesto a aprender, a escuchar, a tener humildad, y a saber callar con prudencia, era posible crecer, mejorar. Porque si yo hubiese abierto la boca, hubiese sido grosera, altanera, malcriada, "potra indomable", no hubiese logrado muchas cosas. Me sentía liberada, me complacía finalmente descubrir que mi alma no albergaba sentimientos de venganza o rencor. Quería el bien para todos, incluso para quienes me habían hecho daño porque de alguna manera, gracias a ellos, yo me había formado con fortaleza y había llegado donde estaba en ese momento. Era la representante de mi país ante el mundo entero y aspiraba a ser "Miss Universo".

A esas alturas había aprendido que en la vida lo que aquí se hace, aquí se paga, y que, si aquí haces cosas malas, te van a pasar cosas malas, porque es una lección de vida.

Entonces viajé al Miss Universo que se realizaría en Honolulu, Hawai.

Viajé a Hawai desde Maiquetía en un largo periplo. La primera vez que había volado en avión fue cuando mi mamá me llevó a Margarita, mal momento. Luego como "Miss Venezuela" casi todos los viajes fueron por avión, entre ellos mi primer vuelo internacional que fue a Miami.

CAPITULO VIII

EL MISS
UNIVERSO

Al "Miss Universo" me adelanté sola, con las cinco valijas y un baúl de compañía. La ruta era Caracas-San Francisco, San Francisco-Hawai.

Trataba de concentrarme en no olvidar detalle alguno. "Me tengo que poner la banda de Miss Venezuela". El viaje lo hice con un pantaloncito y una camisita, el traje con el que iba a bajar del avión lo traía en el perchero. Los periodistas recibían a todas las misses y es obligatorio mostrarse impecable, la primera impresión es muy importante.

Ya en San Francisco, yo decía, "¡Dios! Acompáñame". Ensayaba "Please I need information for the flight". Tenía las preguntas necesarias en inglés.

Siendo Miss Venezuela había recibido mi instrucción básica de inglés y los viajes internacionales ayudan mucho como entrenamiento.

La prueba de fuego de mis clases de oratoria la pasé el día que fui a la entrevista que en Miami me hizo Jaime Bayly. Fue mi primer reto internacional. Me vestí con un vestido rojo bellísimo, el cabello me lo peinaron particularmente hermoso, me colocaron un collar y la boca de rojo que hacía destacar mi dentadura.

Él trató de orientar la entrevista hacia las misses y la cirugía plástica, no fue fácil porque él se enfocaba en la vida de las misses, en cómo eran. En ese tiempo Irene Sáez, tenía un gran protagonismo en la vida política venezolana, era 1998 y ella era precandidata a la presidencia de la República. Quedé con la sensación de que salí bien parada. Después Osmel me llevó en Miami a conocer hoteles y centros comerciales.

También, antes de irme al Miss Universo asistí a los Carnavales de Río de Janeiro, y fuimos invitados al Camarote de "Brahma". En ese viaje fui con Roland Carreño y Osmel. Disfruté muchísimo. Fui al sambódromo donde se entraba a las siete de la noche y te quedabas hasta las siete de la mañana, para después levantarte a las doce, y hacer lo que se podía entre doce y siete. Y así. Ese era el ritmo de intensidad. Le dije a Osmel: "Quiero bailar". Pues, resulta que consiguieron a alguien que me incluyera en una de las Escuelas de Samba.

Le quitaron el traje a un travesti que me dijo, "No mi amor, brilla tú". El traje me quedaba un poquito grande, pero funcionó. Desfilé con la "Escuela Mangueira" y "Bella Flor". Aprendí a bailar samba. Osmel decía: "Si ella puede con esto, va hacer un excelente papel en el Miss Universo".

Fueron como seis días que los pasé excelente. Me llevaron a conocer Pan de Azúcar, El Cristo de Corcovado, Ipanema, las Playas de Copacabana, comí feijoada como solo yo podía hacerlo. Le rogaba a Osmel: "Déjame comer, el Miss Universo es en mayo, cuando llegue me pongo a dieta". Y en los ratos libres me iba a correr, a caminar en la playa. Veruzhka "Você é muito bonita". Osmel repetía: "Se hace querer, ella es diferente".

Cuando llegué al aeropuerto en San Francisco me puse mi banda: "I am Miss Venezuela, please I need information for the flight to Honolulu". "Claro mi amor vente". Y yo agradecida, tenía la suerte que donde llegaba alguien hablaba español. Me monté en mi avión, y aquello parecía una charrasca. Me explicaron que en la zona de El Gran Cañón el vuelo se hace muy agitado lo que agravó mi miedo. Finalmente llegué a Honolulu. Faltando veinte minutos para aterrizar, me había ido al baño, me quité el pantalón –era el clásico padrino- los zapatos mocasín, y la camisita de vestir sencilla con un pullover y lo cambié por un traje taller, amarillo mostaza con botones dorados y unos tacones inmensamente grandes. El 1,83 que yo mido comenzó a acercarme a los 2 metros.

Apenas bajé la gente exclamó: "¡Miss Venezuela!". Me tomaron fotos bajando y de ahí me llevaron directo a hacerme las fotos oficiales del concurso, sin un segundo para descansar ni lavarse la cara, y de una vez me llevaron a un lugar para seleccionar el traje de baño. Escogí uno de dos piezas verde fosforescente y otro entero negro con flores. Quien ve la foto del Miss Universo verá que el verde fosforescente destaca entre unas matas y unas flores rojas y amarillas, esa soy yo. Hacía todo para llamar la atención. Mi roommate fue Miss España.

En general todas nos llevábamos bien, eso sí, el ojo estaba en Venezuela, lo que yo hacía, para dónde iba, qué comía. La verdad es que desde que llegué empecé a puntear y yo estaba más relajada que en el Miss Venezuela, lo disfruté más, ya era otra nota. Y si hablaban mal de mí, ni me enteraba porque yo no hablaba inglés. "I do not speak english".

Andaba así, tipo "Open English" es decir me

resbalaba. Miss USA me decía que le encantaba como era yo. "Thank you, of course", esas eran todas mis palabras. Siempre estaba dispuesta a lo que necesitaran los organizadores del evento, si requerían de una miss para lanzarse, yo era la primera, me sentía sin presión.

El show fue en el "Hilton Hawai Village" y Donald Trump era el presidente de "Miss Universo", nunca faltaba a los eventos. Cada miss tenía una chaperona, eran muy severos con la seguridad de nosotras, ninguna podía escaparse. Yo me hice muy amiga de los de la cocina, un dominicano y unos argentinos, que me preparaban mis comidas de dieta.

Había aprendido a maquillarme, a peinarme, a todo, con Luis Urbano y Antonio. Me acuerdo que Miss España me decía, "Hostia tía, descansa". Me paraba a las 5 de la mañana, hacía flexiones, me repetía, "Tengo que ganar como el mejor cuerpo". Fue muy satisfactorio cuando triunfé en la competencia en traje de baño. Después de tanto haber sido víctima de bullying justamente por mi cuerpo. Y yo había entrenado muy duro. Faltando poco para el evento, algo me intoxicó y se me brotaron las nalgas, como si me hubiese caído un enjambre de mosquitos. Ahí estaba Sonia Roffé, que me dijo: "Te va a doler" y empezó a infiltrarme pepita por pepita. Luego tuve que maquillar mi trasero con una base que me la había preparado Luis Urbano, el último maquillador oficial que tuve para prepararme para el "Miss Universo".

Luis me dijo, "Este es el maquillaje de la noche final con este vestido". Llevaba todo por escrito, parecía una biblia en la que estaba detallado desde que "Los zarcillos verdes con turquesa van con el traje fucsia" hasta la forma de la punta del pelo. Aprendí a admirar a María Kallay, quien me estructuraba cada detalle de una manera eficiente y rigurosa. Y a Osmel le dio un infarto estando yo en el Miss Universo.

También en Hawai ocurrió otro percance. Andaba con un grupo de misses, íbamos a comer y se cerró la puerta del ascensor que me golpeó en la quijada y la prótesis que me habían puesto en el mentón se deslizó, era cómico porque se movía. El doctor Pierini me apartó hacia donde estaban los teléfonos: "Ven acá, agarra un teléfono con una mano y con la izquierda agarra el otro, respira profundo, allá voy", y ¡trácata! Me enderezó el mentón. Lloré porque me dolió mucho, después me infiltró y me fui para mi evento.

Estaba con un equipo preparado para todo. La otra que estaba era Giselle que siempre me corregía, "Ya sabes, la mano, cuidado con la mano", porque yo era muy morisquetera, gesticulaba mucho y era muy efusiva a la hora de hablar. Aprendí a ser más serena, más calmada. Miss Venezuela generaba una gran expectativa, era evidente. Ahora es otra cosa, pero en aquel entonces era una fábrica de reinas, era un torbellino. Ya habían ganado Maritza, Irene, Barbarita, Alicia Machado.

Mi traje típico fue de Doña Bárbara, me lo diseñó José María Almeida. Él decía que yo era una mujer aguerrida, con temple, y el traje era rojo con negro, espectacular.

Yo llevaba mi discurso: "I represent the leyend of Doña Barbara a great and successful woman like all women from my country Venezuela!" Y resulta que ese año no hicieron "speech". Yo que había hecho hasta planas para aprenderme el texto de memoria. Y lo repetía y repetía. El traje de gala me lo hizo Ángel Sánchez. Tenía muchas piezas de Ángel.

Y de pronto se me comenzó a caer el cabello, se presumía que por estrés, dejaba mechones por todos lados. Hubo gente que comentó que no les había gustado mi peinado en el Miss Universo, sin saber que me tuvieron que batir el cabello porque tenía mucho huequito. Por eso después, cuando regresé, me corte el pelo otra vez al estilo de "Niña bonita"

En la preliminar del Miss Universo, una semana antes, el jurado selecciona a las doce participantes que van a la rueda final, que son las que nombran en la transmisión del evento en vivo. Aunque todas estén en el escenario para el show, ya está hecha la preselección. La presentación de cada una de las misses mencionando a su país, también está previamente grabada.

Nadie, salvo el jurado y los organizadores, conocían los nombres de las doce seleccionadas. A mí me nombraron como de octava. Todo me tembló, y yo dije "Ave María Purísima", con mi medallita del Divino Niño para arriba y para abajo.

Luego de mencionar a las doce finalistas viene la competencia en traje de baño, ahí sí me dije: "Aquí me voy a botar". Me fue súper bien. Ha sido la más alta

puntuación en la historia hasta hoy en el Miss Universo.

También está lo que uno logre transmitir en la pasarela, allí me transformo,

paso a ser otra persona. Eso suelen comentarlo quienes trabajan conmigo.

Comenzó la ronda de entrevistas. Una pregunta fue sobre lo que había aprendido de la representante de Rumanía. Era linda esa mujer.

Y entre mi inglés y el rumano de ella, solo nos había dado tiempo para compartir un baile que representé al jurado. La otra entrevista indagó sobre lo que me gustaba, y la pregunta final fue: "¿Qué le dirías a una persona que estuvo dormida durante veinte años y se despierta en pleno siglo XXI?". En la respuesta me referí a que nunca es tarde para salir adelante, que no se ha perdido lo maravilloso de la vida porque lo que no pudo haber hecho realidad, lo podía lograr ahora.

Para ese momento quedábamos tres finalistas, Trinidad y Tobago, Puerto Rico y yo. Estábamos las tres y nombran a Puerto Rico, y yo me dije: "No me digas que gané el Miss Universo, porque ahí sí que me muero". Me pasaron 50 mil pensamientos por la cabeza. La de Trinidad y Tobago era una negra espectacular, abogada. Cuando la nombraron a ella, me contenté.

No me dieron ganas de llorar, ni me sentí mal. Mucha gente dice: "¡Se te cae el mundo!". Pues no, yo más bien le di gracias a Dios, porque había llegado donde muchas hubiesen querido llegar y disfruté mi concurso.Después me fui a bailar y todo el mundo encantado conmigo. Una empresa me regaló una muñeca igualita que yo con el mismo traje y accesorios del Miss Venezuela con los zarcillos, y pelirroja; otra señora me regaló un album de Honolulu, ella decía que era mi mami de Hawai. Todo eso lo tengo guardado, lo conservo en una caja que está en Venezuela.

La verdad es que cuando me nombraron como la ganadora en traje de baño, fue para mí fue como haber ganado el Miss Universo. Me dieron un trofeo de cristal de Hoya, que es lo más caro del mundo y un premio de 5 mil dólares. A partir de allí se corrió una leyenda de que yo había rechazado un contrato multimillonario en París, lo cual era falso. Esa noche Osmel me felicitó: "Me encanta el papel que hiciste, te robaron la corona pero tranquila, vendrán muchas cosas buenas para ti".

Estaban contentos con mi desempeño y me dijeron: "Mañana tienes que ir a la ciudad de Miami, a ser presentadora del premio "Lo Nuestro para América Latina" con Daniela Kosán y Raymond Arrieta".

Al salir de Hawai sí lloré cuando me despedí de todos en el hotel, del cocinero, la camarera "I love you".

 En Miami nos buscó una limosina -nunca había estado en una- me sentía una princesa. Antes me había montado en los carros bellos antiguos del "Miss Venezuela", pero en una limosina grande, tipo estrella de Hollywood, nunca. Nos alojamos en el "Hotel Intercontinental" porque la fiesta era allí.

En el evento estaban Marc Anthony, Don Francisco, Sofía Vergara. Nos tocó presentar el Premio Tropical que lo ganaron "Los Ilegales" y después nos fuimos a una fiesta. Yo bailé con Charlie Zaa, con Marc Anthony, con "Los Ilegales", había mucha gente de "Venevisión" del elenco de "Bienvenidos".

En la fiesta estuve hasta las seis de la mañana. Llegué con moño y salí sin moño y con los zapatos en la mano. Se me olvidó que yo era miss. Disfruté totalmente liberada de cualquier presión, estaba drenando, y bailar para mí era perfecto. Yo no bebo ni fumo, nunca lo hecho porque con la bebida vi muchas cosas en el medio y en los mismos eventos -incluso que les echaban cosas a las niñas en las bebidas- o veía a una muchacha que con tres copas ya era "Ábrete sésamo", así que siempre me dije: "No puedo ser así".

No he bebido ni por curiosidad. Una vez probé la cerveza, y otra vez intenté fumar y qué va, me di cuenta de que eso no era para mí. Nunca me gustaron los vicios. Lo mío era el deporte y todo lo que fuera de aventura, hacerlo con mis amiguitos y yo atrás, porque no había niñas tan guerreras en ese tiempo como yo. Ellas querían jugar a la casita, a papá y mamá y yo andaba en otra cosa, convencida de que con los varones se aprende mucho más que con las mujeres, y de que sus juegos son más divertidos.

Cuando nos regresamos me cortaron el cabello cortico como "Niña Bonita" y como se había corrido el rumor de mi historia, de la tragedia de mi vida, me invitaron a Chile y Argentina. En Chile fui al programa de Cecilia Bolocco, ella era polémica -había sido la primera Miss Universo chilena- y estaba en apogeo su romance con el ex presidente argentino Carlos Menem. Fui con María Kallay. Conocimos a Chayanne quien muy caballeroso me invitó a cenar y yo no acepté, tenía que cuidar la imagen. Creo que su invitación venía cargada de buena intención, pero era preferible evitar malos comentarios.

Después Cecilia Bolocco, que está más operada que todas las venezolanas juntas, comenzó a atacarme por las cirugías, ahí no me aguanté y le dije: "Pero si tú tienes la nariz hecha, las cejas, te has hecho lifting". Y agregué: "Yo sí no tengo problema en admitir que me operé la nariz, el busto y el mentón. Me lo hicieron estéticamente para un concurso, y para sentirme bien conmigo misma. Otra cosa es que después te vuelvas adicta al bisturí".

Después de Chile fuimos a Argentina con Susana Jiménez, una mujer blanca, bella, una muñeca. En aquel entonces en el 98, todavía tenía una cabellera amarilla espectacular. Estaba vestida de negro, con un traje abierto por la pierna. Se entiende que sea un ícono para los argentinos, me ganó como admiradora. Luego nos llevaron a pasear por la ciudad.

Cuando llegué del Miss Universo, mi recibimiento fue grandioso, era como si hubiese triunfado. Trajeron a la señora Gladys y a gente del Táchira. Conmovedor y muy bonito. Igual tenía que producir para mantenerme en Caracas. Mi compromisso con la "Organización Miss Venezuela" era por dos años, así que tenía que seguir trabajando con ellos el año de mi reinado y otro año más, por lo que debía asistir a los eventos, espectáculos, y ellos me pagaban un sueldo. Pero de ese sueldo me quitaban un porcentaje importante para los gastos de la casa —ahí nunca hubo algo gratis, yo todo lo pagaba, todo-, seguía entrenando en el gimnasio, y me hacía mi comida.

Siempre tuve el apoyo de Reinaldo quien cuidaba mucho mi imagen. A estas alturas, sabía que eso era un producto, y empecé a buscar trabajo.

CAPITULO IX

ENTRE EL MODELAJE
Y LA UNIVERSIDAD

Al regresar empecé mi trabajo como modelo, arranqué de modo freelance. Toqué muchas puertas de agencias, Mariela Centeno fue una de las primeras que me ayudó con los casting. Fui agarrando fuerza porque mi prototipo gustaba. Mi cuerpo llamaba la atención, al igual que mi fisionomía de piel morena con los ojos verdes y pelo cobrizo. Hice algunas campañas de traje de baño. Una de las agencias que me apoyó fue "Solo Model" de Johan Argüello.

Trabajé de maniquí para el diseñador Hugo Espina y su hermana Katty, quien me apoyaba con vestuario y me daba algo de dinero que me ayudaba, pero en realidad lo que más me agradecía es que me daba de comer pollo en brasa. Yo siempre con mi apetito pendiente. El diseñador Giovanni Scutaro siempre me tuvo presente para todos sus desfiles y tambien me apoyo en momentos difíciles , sobre todo de crítica y discriminación.

En paralelo intenté estudiar actuación pero no me

sentí a gusto, no lo veía para mí, prefería la animación, pero sobre todo me gustaba desfilar, el mundo de la moda. En ese sector Octavio me ayudó mucho.

Trabajé un tiempo en "Cuanto vale el show" con Guillermo González, también allí estaba Cristina Dieckmann. Como ocurre con frecuencia, algunos me aplaudieron y otros me criticaron alegando que había caído bajo, lo cual me parecía absurdo e injusto, no solo porque era un trabajo, sino porque además ese programa, indiscutiblemente popular y exitoso, me permitió tener una vitrina para que Venezuela me viera a través de la pantalla. Ahora vivía sola.

La Organización tuvo un problema con el propietario del apartamento en el que había vivido antes con Daniela y Patricia, y me tuve que mudar. Logré una buena amistad con Carolina Indriago y acordamos compartir juntas en casa de un maquillador que se llamaba Gustavo, fue por poco tiempo, hasta que alquilé un apartamento en el edificio Mauricio en La Carlota.

Llegando del Miss Universo había tenido algunos problemas de salud. Empecé con una afección en los riñones, se me hinchaban las manos y los pies, en los exámenes que me hicieron salí con arenilla en los riñones y me pusieron un tratamiento. Luego me dio gastritis. Andaba un poco desajustada.

Había cambiado la dieta, aun cuando yo seguía comiendo de todo. Realmente lo que me había cambiado era la vida.

Tenía que resolver mi existencia como fuera, porque "Miss Venezuela" me daba una renta que no alcanzaba. Necesitaba hacer algo, no me iba quedar en la casa de "arte contemplatorio", yo no soy así, eso de echarme a ver televisión, no. Por eso empecé a trabajar como modelo, y ciertamente fui agarrando fuerza en el área, entre los diseñadores, los estilistas, con las modelos y con los chicos.

Estaba enfocada en trabajar. Nada de casarme, nada de tener hijos, además era muy chiquita, tenía diecinueve años y otra mentalidad.

Había cambiado el "Mitsubishi Mirage" por una camioneta en el concesionario de La Trinidad. Quería una "Cherokee Liberty", y me acuerdo de "Mi vidita", que se llamaba Jorge, pero le decían "Mi vidita" a quien le dije: "Quiero cambiar mi carro". "Te recibo el tuyo en 10 mil Bolívares y la camioneta cuesta 21 mil bolívares", me propuso. "Hecho, en un año yo vengo y le pago la camioneta". Yo andaba feliz con mi camioneta blanca, chiquitica, para mí era un logro porque ya había cambiado de carro, seguía viviendo en La Carlota, hacía mis trabajos, modelaba, ahí sí empecé a viajar.

Fui a República Dominicana, a Curazao, hacía muchas cosas allí, porque era donde se hacían los comerciales de playa, donde eran las locaciones. A Miami fui en una que otra oportunidad para catálogos. Iba, trabajaba y me regresaba, no era que me quedaba disfrutando, fui muy correcta con eso.

Viajé a Dubái, a los Emiratos Árabes. En una ocasión nos sacaron a las modelos del sitio donde estábamos, porque los Jeques nos querían comprar, pidieron las "Esmeraldas verdes", y yo decía: "Esmeraldas verdes no estar en venta". Fuerte, ¿verdad? La señora que nos recibió en el aeropuerto se había quedado con los pasaportes.

A mí ya me habían advertido: "Quédate con tu pasaporte". Independientemente de que al evento iban diseñadores de la talla de Margarita Zingg, o Ángel Sánchez, y había príncipes, hay escenarios donde la gente confunde roles. Así que dije a la señora: "No salgo de aquí si usted no me da my Passport". Todas se me quedaron viendo con cara de, "Ahí viene Veruzhka con sus vainas". "My passport please, my passport please". El evento duraba una semana y nos querían dejar 15 días. "Yo no tengo nada que hacer aquí durante una semana más. Yo sabía, había leído y me habían contado que en los países árabes mucha gente se había perdido. Mujeres guapas que de repente se desaparecieron, y yo, "no señor, esto no es lo mío, hice mi showroom, hice mis cosas". Así que llamé a un hermano de la señora Gladys -todavía mantenía contacto con ella- y me compraron un pasaje que después les pagué yo y me regresé en lo que terminé mi trabajo.

Después hubo cuentos sobre ese viaje para lanzar para el techo. Imagino fiestas y bebidas, dicen que las montaron en camellos, las deslumbraron, supongo que detrás de eso tuvo que haber algo más allá, aunque nadie diga nada. Porque uno no es tonta.

Yo sí le daba gracias a Dios tener ese ángel guardián que me habla en la patica del oído. Un ángel que me decía, "Mira, mosca, cuidado".

Siempre he sido intuitiva. Donde no me sienta a gusto, donde sienta un escalofrío me voy. Eso significa que nada tengo que hacer ahí.

Fui a los Emiratos Árabes, y me ofrecieron 54 mil 300 veces ir a las famosas islas Seyshelles, y resulta que el viaje de las Seyshelles era otra cosa, era sí moda y todo, pero había mucho camuflaje, cosas que no me gustaban. A algunas muchachas las llevaban engañadas, amigos del medio me advertían: "Veru, si te ofrecen alguna vez ir a las Seyshelles no vayas". Gente ya madura, grande, hecha y derecha.

Me propusieron estudiar en la "Universidad Santa María", Comunicación Social, hasta me ofrecieron una beca, y yo súper contenta. Hice algunos amigos, casi siempre andaba con mi amiga Francia y otras muchachas. Allí era una estudiante, no una miss. Si tenía que ir a algún casting llegaba de punta en blanco, maquillada a las 7 de la mañana, y todo el mundo me miraba como diciendo: "Y bueno, ¿A ésta qué le dio?".

Incluso en la universidad me hicieron bullying. Recuerdo una fiesta que la llamaron "Miss Chocozuela" impulsada por un joven que estaba dedicado a burlarse todos los días de mí tocando una guitarra, hasta que un día perdí la paciencia. Lo agarré por la camisa, lo llevé contra una pared y lo increpé: "Dime que soy una marginal". Agarré la guitarra y se la volví nada. Más nunca volvieron a meterse conmigo en la universidad, más nunca. Todo tiene un límite, y tanto da el cántaro al agua que rebosa.

La universidad se convirtió en mi mundo. Salía con amigas, íbamos a fiestas, disfruté, hice de taxi, yo decía que no volvía a tener muchas amistades porque todos bebían, y yo parecía el transporte escolar. Me dediqué a estudiar, hice collares para vender en la universidad, de canutillo, mostacilla, a mí no me daba pena.

A la gente le daba curiosidad verme siempre sola, sin familia. Me había seguido alejando de la gente de San Cristóbal, ya no era lo mismo, mi realidad era otra.

Me gustó mucho la carrera de Comunicación Social, en especial una materia, "Fundamento de los Medios", me encantaba. Los muñecos que tuve en la infancia empecé a coleccionarlos como "Miss Venezuela". Me sucedió con el gato Garfield, del que tenía todas sus versiones, entre ellos mi maleta de la universidad. Algunos por eso decían que yo era mente de polla, y no me importaba. Me compraba mis cositas, mi cartuchera, todo era muñequitos, lo que no había tenido, lo disfrutaba como niña.

Le agarré gusto a la lectura. Desde que empecé la preparación para el Miss Venezuela había comenzado a comerme libros de todo tipo. El primero que leí fue "El Alquimista", que me encantó. Disfruté mucho a Pablo Coelho con "11 minutos". Y, ¿Quién no ha pasado por la maravilla de "El Principito"? El tema de la autoayuda llama mucho mi atención, como Conny Méndez. Por otro lado, Oscar Wilde me marcó, y para thriller, Agatha Christie.

Tampoco es que me creo "El libro gordo de Petete", pero la lectura me ha ayudado a enriquecerme y eso es algo que todo padre debe inculcar a sus hijos. Uno nunca deja de aprender. Me pasó una vez con un señor: "Dispénsame Veruzhka, que no pude atenderte". Y yo: "¿Qué será dispénsame?". Hasta que le tuve que decir, "Disculpe, -fue con el señor Jorge Rojas, él y sus hijas tenían la revista Sidor, y yo fui la portada de la revista-,¿Qué es dispensa?" "Disculpe, lo acabas de decir, es disculpa".

Todo ese vocabulario lo iba archivando en mi memoria, iba creciendo y también el léxico con mi roce con el mundo; ya no tenía nada que ver con el anterior. Me sentía presionada -pero la presión no siempre tiene que ser para mal- a veces la presión es para empujarte hacia arriba. Y aunque hay gente que lo hace hacia abajo, otra gente lo lleva a uno a crecer.

En la universidad, junto a mi amiga Francia Sánchez, nos metimos en el equipo de fútbol, me decían la zurda, ahí conocí a mi amiga Verónica Tunzi, tengo amigas muy puntuales. Las mujeres no somos tan disciplinadas como los hombres para jugar, aunque después de que agarras la rutina y tienes un buen entrenador, un coordinador, uno se va metiendo en cintura.

Seguí mi carrera hasta el cuarto año. De pronto la directiva de la universidad empezó a presionarme para pagar con favores la beca, y no me presté. Querían que yo me montara en un avión y fuera para la universidad X, y otro viaje a no sé dónde. La situación comenzó a ser incómoda, no me fue gustando. Traté de dejar claro que la respuesta a una beca es el buen rendimiento que se manifiesta en las notas, que cualquier otra situación tiene un fondo oscuro.

Así que de la universidad había decidido retirarme. Luego del inconveniente con los rectores, me dije: "Mira, ¿Sabes qué?, no necesito estar mendigándole nada a nadie". Salí con mi título de bachiller y como si solo hubiera participado de oyente los cuatro años, no me dieron más nada. Eso para mí fue duro. Seguía viviendo en el apartamento en La Carlota y de ahí me fueron saliendo ofertas de trabajo, catálogos. De esa época aparecen flashes. Me viene la imagen del día que conocí a un ser hermoso que ya se fue: Justo Gómez. Estaba con su hermano Héctor y su equipo de trabajo en un evento en la ciudad de Maturín. Era la inauguración de una agencia de modelos y me habían contratado para presentar y modelar. Me vistió con un vestido rojo bellísimo, tanto que le pedí que me lo regalara.

Él se reía comentando: "Ella nunca se lo quita". Coincidimos en varios eventos en diversas actividades y luego cuando me fui a vivir a Valencia se consolidó nuestra amistad. Salíamos, rumbeábamos, me convertí en su musa. Me presentó a Roberto Ramos que se convirtió en mi maquillador oficial, y Wilmer Acostó en mi fotógrafo. Él estaba muy pendiente de los detalles. Si era necesario me regañaba: "Hable bien, camine bien". Trataba de pulirme. En eso se podía dar la mano con mi querido Octavio Vásquez. Mi recordado Justo Gómez fue incondicional. Nunca tuvo un "No" para mí. "Mira loca (así me decía), ¿Cuántos trajes vas a necesitar? Dame tu agenda". Cuando yo llegaba estaba todo listo. Me asistía y regalaba lo que fuese necesario, con cariño. Yo le llamaba "Justicia". Ahora, ¡Cuánta falta me hace! Sé que desde el cielo me cuida.

De la señora Gladys me había alejado, aunque eventualmente la llamaba. Fue un proceso natural porque Gladys estaba en Táchira, ya había una distancia, no porque me hayan hecho algo malo, más bien siempre le reservo agradecimiento en todas las formas y oportunidades. Ya mi círculo era entre modelos y los compañeros de universidad que había cultivado.

Estaba en mi juventud y disfrutaba la vida. Iba de noche a bailar, todas las discotecas las conocí, porque me gustaba salir, pero eso sí, nadie pudo decir nunca que me vio haciendo show o montando un espectáculo. A través de un muchacho, Doménico Sattile, que estaba en un grupo que se llamaba "Estación Central", había conocido a otra familia.

Ellos eran unos muchachos que cantaban y conocí a su madrina que era la familia Pinto-Sumoza con quienes duré como diez u once años. Aunque de manera irregular porque yo estaba en Madrid y venía a verlos en Navidades. Empecé a ir a su casa los fines de semana porque ellos vivían en Valencia donde estaba una niña Erika Valentina una bebé de nueve meses, así que se repetía un poquito la historia con Luzmila y empecé a sentirme como en familia. Doménico, era ahijado de Peggy Sumoza, casada con Nelio Pinto y sus dos hijos, Jesús Daniel y Erika Valentina. Un día me fui a comer y los encuentros se fueron repitiendo, y así creo que me fueron envolviendo, con el afecto. Ellos también trabajaban la parte espiritual, son espiritistas.

Fui compartiendo cada vez más con ellos y empecé a quedarme. Al principio como todo, había mucho amor, pero después me convertí en la gallinita de los huevos de oro. Yo los ayudaba como una manera de retribuirles el amor, pero después eso se fue transformando. Ellos para mí eran todo, los consideraba como mi papá, mi mamá, o mis hermanos. Me pedían ayuda y yo se las di porque sentí que estaba en mi casa con una familia, me sentí adoptada, querida. Pensé que por fin pertenecía a alguien y me trataban bonito. Peggy me daba mucho cariño y yo me reía con ella, gozaba con ella. Lamentablemente eso cambió. Ella fue comenzando a pretender vivir a través de mí, como si ella tuviera mis ojos, mi cuerpo, quería dirigir mi vida. Tiempo después, a pesar de que les había comprado una casa en Valencia, ni siquiera tenía mi propio cuarto. Allí se quedaban todos los amiguitos de Jesús Daniel, y me tocó a veces dormir en un colchón en el piso. Otra vez. O si no, en una litera, pero en un cuarto compartido.

La verdad es que eso sucedió así porque lo permití yo, porque esa era mi casa. Yo los defendía a ellos cuando alguien me quería hacer ver con buena intención que podían estar aprovechándose de mí, los defendía a rabiar. Ellos sabían conmoverme cada vez que me decían: "Nosotros somos pobretones", me partían el alma. Ella era buena para llorar y yo era fácil de manipular. Ella influyó en que yo no hablara más con mi mamá, me revivieron su abandono. Mi mamá y ella nunca se conocieron, porque mi mamá no quiso. "Esa mujer es mala", me decía.

Seguí trabajando como modelo, hice de todo. Gracias a Dios. Conociendo a la familia de Valencia también entré en contacto con Luigi Ratino, quien fue mi manager. Como vivía en el mundo de la moda, Luigi comenzó a llamarme, para darme casting, yo hice los trajes de baño "Ambra", y fui haciendo algunas cosas con Luigi y un día él me informa: "Mejor no, están buscando muchachas para irse a España para hacer la revista Interviú". Luigi me aclara que era para hacer "topless", y yo me senté a hablar con los Pinto-Sumoza: "Mira papá, mamá, - porque yo les decía papá y mamá-

Interviú me ha hecho esta propuesta". Yo seguía siendo muy joven, lo mejor que me hubiesen dicho era "Mira pero como me iban a pagar muy bien, yo dije, bueno, con ese dinero pago deudas y puedo invertir.

Y me fui para España porque además Luigi había logrado un casting para el canal "Antena 3".

CAPITULO X

ESPAÑA

La primera vez que fui a España viajé vestida tan sencilla que me deportaron, pensaron que yo iba a prostituirme. Lamentablemente es parte de la realidad de los latinoamericanos y otros territorios, que van al exterior a eso.

Me bajé del avión, entré a emigración y me pasaron para el cuartico, que era más bien un confesionario. Expliqué que iba a un casting de "Antena 3", intenté mostrar la carta del canal y nada. "Tome su ticket", y me montaron en el avión de regreso para Venezuela.

Ya a Luigi mi manager, lo habían llamado: "Algo pasó con Veruzhka que no la dejaron pasar". Luigi era muy amigo del cónsul de España y de una vez le dieron una carta. En esas diligencias yo llegué a Maiquetía, saqué la maleta, me dieron un ticket y me volví a montar en otro avión, con la misma ropa. Volé 16 horas casi corridas y apenas llegué tenía que ir al hotel y presentarme e impactar a la gente de "Antena 3" para el reality show "La selva de los famosos". Cuando la productora me vio entrar preguntó: "¿Ustedes están seguros de que ella quiere ir a la selva?, ¿Ustedes están viendo ese mujerón?". Yo me había presentado maquillada, con un taller rojo muy llamativo, y me había agarrado un moño.

La serie era "Sobreviviente" al estilo Robinson. Actuar en situaciones extremas se me hacía divertido. Después de hacer el casting regresé a Venezuela, ellos quedaron en avisarme y el resultado finalmente fue positivo.

Entretanto seguí viviendo con la gente de Valencia con mis trabajos y creciendo en mi entrenamiento. Después volví a España. Me llevé un solo abrigo –pasé muchísimo frío- porque no tenía ropa de invierno. Fui sola a hacer las fotos para la revista Interviú.

Me recogió Enrique Villa, dueño de una productora, de "Escena", y Enrique Falcón, hijo de una duquesa, nada espléndidos ellos. Al llegar me dicen: "Hostia, tía, vamos a llevarte a comer callos a la madrileña, como yo no sabía de la cultura de allí, dije, "Señor, me da una limonada frappé", y el señor se me queda viendo, así como que, "¿Será una limonada freezing?", y yo, "Sí, una limonada freezing".

Resulta que los callos me han caído como una bomba, y al día siguiente tenía las fotos con el mejor fotógrafo de España, César Lucas. Tenía náuseas y ganas de ir al baño al mismo tiempo, casi me desmayé, me bajó la tensión de tal manera que quedé tendida. Y el fotógrafo: "Tía, ¿Qué os pasa?". Y yo: "Ahhhhh". Estaba en el piso, y alguien abrió la puerta y dijo: "Tenemos que ir a trabajar". Hicimos las fotos. Después las vi y no lo podía creer. Me pusieron como una diosa, una india, toda exótica, como una amazona. Las fotos quedaron estupendas.

Y fui portada de la revista "Interviú".

Cuando salió "Interviú" fue el escándalo mayor. "¡El destape de Veruzhka Ramírez! ¿Cómo se le ocurre?". Y salieron las puritanas a darse golpes de pecho, "Por mi culpa, por mi culpa, por mi gran culpa". Dijeron que yo me había vendido para "mostrar las tetas". Una pacatería de doble discurso. Yo trataba de responder con suavidad: "Ustedes tienen que entender que en la revista "Interviú" han estado las mejores modelos del mundo, desde Nahomí Campbell para abajo, que me hayan tomado en cuenta, debería alegrarles".

No tenía que pedir permiso a nadie, se trata de mi vida, sin embargo, lo había consultado con las personas con quien convivía, por respeto, y ellos estuvieron de acuerdo (claro, había plata de por medio). Porque la verdad es que con el dinero que me pagaron compré una casa, los saqué a ellos, a la gente de Valencia, de donde vivían en unos apartamenticos, y les compré una quinta -todavía están allí-.

En fin, nadie tenía por qué cuestionar lo que yo hacía con mi cuerpo.

En España poco a poco empecé a conocer a la gente. Luigi, me enlazó con Nelmig Ortega, que también fue como una manager. Fue muy estricta, con ella aprendí a ser ordenada, me presionaba para que leyera, para que enriqueciera mi léxico y pudiera mantener una conversación interesante. Ella quería que yo fuera a los eventos, y tenía que quedarme por largo tiempo, así me aburriera.

Cuando llamaron para el reality, Luigi estaba súper emocionado porque era la única venezolana entre 16 participantes. Ocho hombres y ocho mujeres, modelos actrices, cantantes. Eran todos españoles, yo era la única latinoamericana, y Edmundo Arrocet que era chileno, aunque tenía toda la vida en España. Es una dinámica en la que tres llegan a una clasificación final: el ganador, el primer finalista y el segundo finalista. La audiencia va botando y eliminan de acuerdo a su criterio.

Los participantes van cumpliendo retos. Por ejemplo, en una estaca tenía que mantenerme apoyada durante cuatro horas, sin moverme. Y así, cada vez había que cumplir con unos retos de psicología, de lógica, de resistencia, de fuerza.

Nos seguía una cámara hasta en la intimidad, las 24 horas. Éramos 16 con una cámara que nos marcaba a cada uno.

A esa aventura nos llevaçron en un barco muy bonito por el río Negro de Brasil, de Manaos y de pronto la presentadora, después de darnos la bienvenida, nos lanzó unas cajas y dijo, "Estas son sus pertenencias", y tipo Madagascar, "Ahí va su kit, os tenéis que tirar". Yo quedé congelada de la sorpresa. Estaba vestida de gala, en tacones y me tocó lanzarme al río junto con el resto de los participantes.

Al lanzarnos debíamos tener cuidado de no perder la caja porque contenía lo necesario para sobrevivir por determinado tiempo.

Ahí nos separaron a las mujeres y a los hombres y yo me dije, "¿En qué me vine a meter yo?". Pues nada, me divertí un montón.

Como en todo reality de sobrevivientes, la competencia y la rivalidad son muy fuertes. Los concursantes la emprendieron contra mí porque yo era miss. A cada rato ellos me eliminaban, pero la audiencia me salvaba, le caía bien a la gente. Ponían pruebas y tenía que superarlas, además de resolver el día a día. Debía pescar, conseguir lo necesario para comer, hacer la fogata.

Algunos se guindaban a golpes porque eran los mismos concursantes quienes seleccionaban a dos para ser eliminados y la gente sobre esos decidía si compartía la propuesta. Yo me salvé 10 veces, porque desde el primer día los concursantes me quisieron eliminar. Logré quedar de sexta.

Yo entendí que estaba en la selva, sin dejar de lado mi coquetería. Trataba de estar súper producida y aparecía pescando, saltando, bajando una mata, cocinando y hasta robándome la comida. Hubo días duros porque se piensa demasiado, no tienes nada que hacer y le das tanto a la cabeza que te enrollas. A mí me sirvió para enterrar muchos fantasmas de la niñez, el hambre, la desolación, el desplazamiento. Algunos me trataban bien, otros mal y otros eran doble cara. Claro, se trataba de un concurso.

No me picaban los mosquitos, yo era feliz, fui la primera que me metí al río a bañarme con pirañas o sin pirañas.

Físicamente no me paso nada; el único accidente, y terminó siendo escandaloso, fue cuando me picó una avispa en la totona, en traje de baño, lo que obviamente fue muy comentado en España. Yo les decía, "Me picó", "¿Qué te picó?", "Una avispa", "¿En dónde?", "En la totona", y todos se miraban, "¿En la totona?, ¿En el chichi?", porque así le dicen allá. Agarré barro del río y me lo puse, y el doctor decía que le tenía que mostrar la cuchara, "Hostia tía, tienes que ponerte este medicamento".

Y un cantante llamado Soto, sacó una canción: "La miss venezolana con todas sus ganas, le fue a picar una avispa, la más de lista en esa zona tan delicada y recatada que todos pueden imaginar". Me agarraron de sopa, aunque eso me hizo famosa en España y fui subiendo popularidad.

En la competencia había atletas y fue difícil. En una prueba de inmunidad que consistía en agarrar tarántulas hubo gente que no lo hizo, y yo sí porque necesitaba garantizar que no me eliminaran, y lo logré.

Al final empezaron una campaña para decir que había aumentado de peso. Ellos habían tomado mi peso del "Miss Venezuela" que era 58 kilogramos, y realmente cuando me inscribí en el reality tenía 64 kilos. En medio del programa me pesaron y estaba en 61 kilos, para ellos había aumentado –cosa insólita en medio de la selva- me hicieron confesar que les quitaba comida y por lo tanto me sentí culpable. Y yo lloraba y lloraba, la más llorona quedé, todavía me siguen sacando en los concursos.

Me hicieron la vida de cuadritos, y yo decía "¿Por qué me hacen la vida de cuadritos si todos ustedes roban la comida?". Se trata de sobrevivir, pero supuestamente había una regla que lo prohibía. Yo me había hecho amiga de todo el mundo, y a veces me dejaban el almuerzo en un cocotero por allá y salía corriendo a comer.

Al final empecé a preocuparme por mi imagen, sentí que mi tema se le estaba yendo a todos de las manos, y me incliné por la opción de pedir mi salida, prudentemente. Esa es una posibilidad del concurso, solicitar a la gente que te saque. La verdad es que el ambiente se estaba tornando un poco fuerte, sentía tensión a mi alrededor dentro y fuera de la pantalla.

Quedé sexta, y después de que me habían dado tan duro en la televisión, me recibieron con alfombra roja, me llevaron en limosina, cuando llegué al plató y vieron lo delgadita que estaba todo el mundo dijo, "Nada, nos equivocamos, pusimos la torta". Me habían dicho gorda, me hicieron quedar mal y yo les dije "Es que, si yo tengo que volver a concursar y tengo que robar para comer, volvería a hacerlo. Primero porque no le hice daño a nadie, y segundo, yo no leí ningún reglamento que dijera esto es lo que tienen que hacer, porque se trataba de supervivencia, ¿Verdad?". Y todo el mundo reaccionó: "Tiene razón, tiene razón, ¿Qué van hacer?".

Luego empezaron a enviarme a eventos, a platós, allá a las celebridades les pagan por ir a discotecas, por ir a un bazar, por ir a inauguraciones, y empecé a quedarme.

Conviví con Nelmig, en un micro apartamento, de dos habitaciones, con una cocinita y un baño. Aparecieron contratos para eventos. Trataba de mantenerme informada sobre los pagos, pero no me dejaban nunca ver los contratos, era otro país y no manejaba el sistema, tenía la desventaja de haber sido miss, que en España no eran bien vistas. Habían hecho cámara escondida del Miss España, y comprobaron que las misses eran como la tarjeta de presentación de los futbolistas, y había escándalo de misses. Tenía que mantenerme al margen, aunque no me faltaron futbolistas que me exigieron, que me llamaron, y yo: "No mi amor, usted es casado y tiene dos muchachos".

Empecé a trabajar en el modelaje, nos mudamos para Estación Pacífico, también un apartamento, un poquito más grande, ya yo estaba ganando dinero, lo amoblamos.

Pienso que Europa me sirvió para que dejaran de decir, la ex miss y comenzaran a identificarme como Veruzhka Ramírez. Hice cosas muy importantes en la moda, me agarró mucho cariño Daniel Suescun que era el estilista de Ana Obregón, la firma "Bulgari" me prestaba las joyas cada vez que iba a un evento, la gente de "Van Cleef," la gente de "Chopard", Beatriz de Orleans que era la que llevaba "Dior", y empecé a codearme con todo tipo de gente, duques, príncipes. Fuimos a recepciones con los Reyes de España, había cosas que me podían deslumbrar, pero yo sabía que tenía que ser muy seria y mantenerme centrada.

Fue mucho tiempo y conocí mucha gente. Daniel Suescun empezó a llevarme a la "Aguja de Oro" donde conocí a Valentino. La aguja de oro se le entrega a los sastres, a los grandes diseñadores en Europa. Me invitaron al SICAB que es todo lo que tiene que ver con los caballos de Andalucía, donde están los hermanos Rivera. Conocí a Ivonne Reyes, a Carlos Baute, a Boris Izaguirre. Fui una de las invitadas a un Festival de Cannes, gracias a Daniel Suescun que me llevó cual "Miss Universo", con mis joyas de "Chopard", vestida de "Christian Dior.

Viví cosas que me imagino mucha gente hubiese querido vivir, y que a lo mejor siendo otra persona me habrían deslumbrado, me hubiesen cambiado totalmente, pero no, eso es suntuoso, pero yo tenía mis pies en la tierra.

Solamente tuve un incidente una vez con un muchacho que se atrevió a darme un beso y lo golpeé para que sea serio. En otro evento en España, en uno de estos desfiles de la marca "Teleno" de lencería, yo era imagen y un tipo en pleno, ya regresando del desfile cuando salimos las modelos, ha venido y me ha agarrado el trasero y me he volteado y me le fui, y resulta que agarré a otro, y el muchacho "No soy yo, es él", me volteo y "¡Ah! ¿eres tú?", el tipo todavía me presionó con su dedo en el hombro y a mí que no me toquen cuando estoy molesta, porque enfurezco, y me le fui encima.

Yo me dije "Tú no puedes perder jamás la postura,

jamás tu dignidad, debes ser una dama, ante todo". Eso me lo recalcaron mis profesores de oratoria, Ana María y Gustavo. Fue realmente un momento desagradable.

Extrañaba mucho a mi familia, lloraba mucho, tuve una relación con un muchacho de televisión, que se fue acabando, éramos muy jóvenes. A veces llevaba a Peggy a España para que compartiera conmigo un mes, me hiciera compañía, todo eso corría por mi cuenta. Pero las cosas fueron cambiando.

Nelmig me sugirió hacer un curso de spinning en el gimnasio "Colunga" donde fui y me gradué de monitora. Eso ayudó mucho a mantenerme, necesitaba trabajar, pagar cuentas. Vivir allá cuesta mucho, nada más la calefacción eran 300 euros.

Yo andaba en autobús y en Metro, que me costaba 45 euros. Había eventos donde tenía que ir vestida espectacular y me montaba en el Metro con zapatillas bailarinas, me quedaba una estación antes, me ponía los tacones y llegaba a la fiesta muy divina. La prensa me quería porque yo era gentil y agradable.

Y era muy llamativa y les daba buenas fotos. Midiendo 1.83, las grandes firmas me vestían. Una productora me dijo una vez "Tienes muchas cosas buenas, pero para España tienes muchas en contra; primero, eres demasiado guapa, segundo, eres excesivamente simpática, y tercero, eres muy humilde y eso aquí no gusta, porque tú tienes que ser diva". Entonces yo decía, "Diva, escándalo, montaje, no". Y le respondí: "Yo voy a lograr mis cosas".

Ciertamente nunca entré en televisión, a veces iba de colaboradora en algún debate. En un programa de cotilleo "Salsa rosa" me pagaron muy bien, fuimos dos misses venezolanas, Jacqueline Aguilera y yo.

Ese día me vistió "Dior" de rosado, las joyas fueron de "Bulgari", me pusieron elegantísima. Ella es una mujer muy linda y en el programa empiezan a plantear la vida de cada una y yo a explicar mi origen humilde, de muchacha de servicio, y Jacqueline rápidamente aclaró: "Ella y yo somos muy diferentes, mis amigos tienen yates, propiedades". Y los españoles que son duros cuando están entrevistando, azuzaron: "Es que ella es más admirable que tú; ¿Por qué tú dices que ella es muy diferente?, ¿En qué? Yo la veo igual que tú, una mujer guapa, echada para delante, trabajadora, hostia que ella no resalta que tuvo joyas, es otra cosa".

Ese programa fue muy comentado y ayudó a que la gente me tomara más cariño. Daba mis clases de spinning y todas estaban full. La gente que iba decía "Ella es la que sale en la televisión y está aquí dando clases de spinning". Yo seguía, y entrené en el "ABC", en el "Castellana Sport" y di clases en el "Gimnasio Columna" donde la señora Teresa que me quería mucho y fue muy leal. Pero ya venía la recesión. Los españoles —y eso es bueno, y lo deberían aprender otros países- le dan prioridad a su gente, y ya los trabajos no eran tan fluidos, había cuentas por pagar.

Conocí a un amigo abogado y me di cuenta de que la cuota que me quitaban de las agencias no la había declarado, casi me meto en un problema con Hacienda, pero gracias a Dios se resolvió. Y la verdad es que ya estaba cansada de estar sola.

Habían pasado casi siete años. Cuando empezó el paro en España me fui a vivir con Cheo, un amigo que se portó como un hermano. Él y Ruffo eran mis mejores amigos. Pasé mis momentos de soledad, de tristeza, mis ratos de decepción, de ver que en la gente se imponía el interés y el criterio de que, si tú no tienes nada, entonces no vales. Después llegaba a mi casa y estaba sola y eso me pegaba. Ya quería mi estabilidad sentimental, que me tomaran en serio.

Empecé a conversar con mis papás acerca de que me quería regresar porque la situación ya se me estaba poniendo difícil y le comenté a Luigi, quien para ese entonces se había separado de la otra gente en España por diferencias en el tema de la comisión. Al final, el que menos ganó fue Luigi. La amistad y el cariño siguen presentes.

Mi gran error cuando regresé de España fue que en lugar de quedarme en Caracas me fui a Valencia y me metí en la casa a convivir con ellos. Aunque eso significó un nuevo aprendizaje porque comencé a vivir una nueva realidad, y ahí fue donde tuve mi despertar.

Un día en que había entrado en Facebook en España, me dije: "Cuando llegue a Venezuela, necesito hacer algo que me permita compartir con la gente tantas cosas que he aprendido". Estaba en el camino correcto.

CAPITULO XI

TALLERES

Volví a Venezuela decidida a involucrarme mucho más en Facebook, necesitaba reactivar la conexión con mi país, con mi gente y tenía que definir de qué iba a vivir porque me estaba regresando sin dinero.

Desde España hablaba con mis seguidores, a veces duraba hasta las tres de la mañana. Nunca logré dormir a la hora de España, me acostaba tardísimo y me levantaba a las ocho, dormía poco, cinco, seis horas lo que no impidió que siempre llegara puntual a mis citas, nunca me quedé dormida.

Intercambiando ideas con mis seguidores se me ocurrió la idea de realizar talleres de pasarela, me atraía la idea de enseñar. Elaboré un programa, lo publiqué, y sentí receptividad.

Apenas llegué empezaron a salirme ofertas. Mi primer ejercicio educativo lo hice en Falcón, fue un Taller de Pasarela y Modelaje. Preparé una carpeta de trabajo, el contenido se sustentaba en mi experiencia en el concurso y en el modelaje.

El taller duraba dos días. Y comenzaron a llamarme los clientes interesados que garantizaban lo necesario para funcionar. No era muy complicado, sólo necesitaba un salón con aire acondicionado, sillas, una pasarela y un equipo de sonido.

Ellos mismos mandaban a hacer un certificado que yo firmaba. Llovieron solicitudes de distintos lugares del país. Hice talleres durante casi seis años. Fui desde Coro y Punto Fijo en Falcón, hasta Upata en el estado Bolívar. Recorrí toda Venezuela lo que me encantó y me fusionó con mi país.

Después organicé otro taller al que le agregué dicción y vocalización. Lo mío era trabajar y trabajar, disfrutaba muy poco.

De modelaje me salía una que otra cosa puntual, pero mi sustento eran los talleres. Algunos me criticaron al considerar que después de estar en Europa, de ser Top Model, terminara haciendo pequeños trabajos.

Muchos repitieron que me había regresado de España con las tablas en la cabeza. Yo aplicaba lo de siempre: oídos sordos. Entretanto procuraba mantenerme activa en el espectáculo, iba a programas de televisión como "La Guerra de los sexos", y "Que Locura".

Seguía en la reflexión sobre cuál era la mejor manera de abrirme camino, ya andaba en los treinta y un años y aún no tenía mi propia familia.

Un amigo me aconsejó que me liberara de la dependencia afectiva de la gente de Valencia: "Si usted no sale de ahí, no va a ser feliz; tiene que vivir para usted, ya está bueno de hacerlo para los demás".

Yo venía trabajando con un joven llamado Reinaldo Durán, un buen amigo que me conocía desde los dieciocho años, un productor, juntos hicimos distintos eventos. Fui imagen de "Coche Paradise", "Citronella", y otros.

Entonces tomo la decisión de radicarme en Caracas y empezar a estudiar actuación con el profesor Nelson Ortega.

Quería huir de Valencia, ya estaba cansada, la última vez que los había visitado me encontré haciendo lo de siempre: ayudando a lavar, a recoger, a limpiar. Y me repetía: "Esto sucede porque tú lo permites". Terminé con eso y no me dejé manipular más.

Admito que en muchas ocasiones me ha faltado malicia, ese es mi punto débil. Por mi paciencia aguanto mucho pero cuando digo no más, es no más. Soy muy radical y a eso sí le tengo miedo.

Me regresé a Caracas aun cuando no tenía donde quedarme. Mi amigo Arturo que era modelo me dijo para dormir en un cuarto de su penthouse, y me presentó a su novia Patricia Naranjo quien también me ofreció quedarme en su casa en Las Mercedes. Me incliné por esta opción por delicadeza y así evitar problemas. En ese momento estaba sin carro, el mío se lo había quedado la gente de Valencia. Por momentos me preguntaba: "¿Qué se hizo todo el dinero que he ganado?".

Iba y venía de Caracas hacia el interior del país porque seguía con mis talleres. Por esos mismos meses apareció en mi camino Raquel Daher que es de "BDC Producciones" con quien empecé a trabajar. Ella hacía eventos y yo organizaba mis talleres. Al mismo tiempo ya estaba considerando establecerme en Miami.

Daher me daba cobijo, yo dormía en un colchón inflable y a veces en la cama, era otra familia que me había adoptado, ella tenía muchos perros, compartí muchísimo.

En las clases de actuación me sentía como pajarito en grama. En varias oportunidades hubo gente que me dijo: "Niña, usted se equivocó de profesión, usted es actriz". Sin embargo, nunca me he sentido actriz.

¡Hice muchísimos talleres! Terminaba en las casas de los anfitriones u organizadores echando cuentos, compartiendo con la familia.

También hice una portada de una revista con unas joyas de George Wittels, un desnudo con las joyas de él, a lo que pocas se atrevían. Conocí a un muchacho que se llama Pedro Carrasquero, diseñador que me dijo, "¿Veru, estás buscando un apartamento?". Ya quería mudarme porque no quería seguir donde la señora Daher, necesitaba mi propio espacio, no tenía un carro, no tenía nada.

No faltó quien se me acercó con otras intenciones, quien me quería regalar un carro y prometía darme una casa. Mi última oferta fueron 300 mil bolívares, un programa de televisión y un negocio, pero tenía que ser la mujer de fulanito, y yo le dije: "No mi amor, yo sigo como estoy". Son esas propuestas que vienen a través de un estilista, de un diseñador o de una persona que mueve mujeres.

En España también había tenido propuestas de ese estilo, y en Brasil frontalmente dije "No, no, no, ¿se les voló la tapa?". Si yo hubiese querido ser una vedette, lo hubiese conseguido así con los ojos cerrados, pero ¡Qué va!, crecí con otra mentalidad y no sirvo para eso.

En mis talleres trataba de darle valor a los principios y a los atributos personales.

Me enfocaba en mi trabajo, basándome en las herramientas que a mí me habían funcionado para ubicar el camino hacia el éxito por lo que hacía énfasis en la responsabilidad y la puntualidad. Fui incluyendo un poquito de autoestima, de crecimiento personal, repetía que no se necesita ser una niña de élite, una niña con 300 ceros en una cuenta o una niña de papá y mamá, para saberse comportar, porque muchas veces lo hace mejor la niña del barrio que la niña de papito y mamita. Procuro recordarles que yo lo viví.

En el primer taller me temblaban las piernas, pero como mi introducción es la historia de mi vida, los asistentes se involucran de inmediato. Este taller fue para unas niñas que iban para un concurso en el estado Falcón, tenían entre los doce y los dieciocho años, adolecentes. Luego, como publiqué fotos del evento, y la gente me ayudó con sus opiniones y recomendaciones, la información se regó como pólvora, y comenzaron a llamar. También hacía animaciones.

Una cosa se relacionó con otra y me invitaron a entrenar participantes o ser jurado de concursos de belleza de distinto tenor en muchísimos pueblos del país.

Los talleres que duraban dos días los impartía desde las 9 de la mañana hasta las cinco de la tarde, de doce a dos era tiempo para comer. Yo me encargaba de la producción general y la gente corría con sus gastos.

Les decía a las niñas que debían crear un producto, que al día siguiente tenían que hacer un desfile con tres cambios, les montaba un set para que se cambiaran. Después era impresionante ver cómo entraban las niñas y al día siguiente cómo se transformaban en otras personas. Cuando yo contaba la historia de mi vida -algunas me creían otras no y buscaban en Google- su actitud se modificaba, para bien. Siempre la introducción es como el momento más difícil para que se rompa el hielo y la gente participe y hable y no tenga miedo.

Yo trataba de decirles que, si se tienen que chocar veinte veces con una pared, no importa, que lo siguieran haciendo porque hay que levantarse, con la seguridad de que algún día van a cumplir su sueño porque hay gente que triunfa a los quince años y otra que en cambio lo hace a los ochenta. Lo importante es trabajar todos los días. Trataba de animarlas con todo lo que yo había vivido y con lo que había alcanzado. Fundamentalmente impulsaba el amor por la familia.

Yo informaba a través de las redes sociales y quienes me contrataban se encargaban de hacer la publicidad, llevaba el material de apoyo, montaba videos en las redes. Y siempre se llenaron, asistían entre 40 y 50 niñas.

Cuando empecé fueron 30 y luego le fui aumentando hasta 50, más de ahí no podía. Solamente en el Táchira, con el señor Luis Muñoz -él colaboró mucho-hice cinco talleres- y hubo un taller con 80 personas. Se sorprendieron de la facilidad con la que pude controlar a esa cantidad de adolescentes. Al día siguiente el ejercicio de ellas era vender un producto: "La pulsera de piedras turcas, tú la compras, tú la llevas". Y esas niñas se comportaban con una madurez impresionante, eran otras.

Fui transformando mi taller para llegarle a más gente, a empresas, incluso a organismos públicos. Hablaba de crecimiento personal, de etiqueta, de cultura general, pasarela. Hice uno con la gobernación de Bolívar y quedaron encantados. Solían decirme que les agradaba que no me comportara con frivolidad y al sentirse confiados muchos hacían catarsis: "A mí siempre me han criticado porque yo soy gorda", el otro "Porque soy calvo", el otro "Porque tengo las orejas como Dumbo", la gente se fue relajando, y terminaron haciendo pasarela, vendiendo productos, vistiéndose al otro día de etiqueta, gozamos mucho y la gente salió feliz.

Me agradó sentir que había logrado subirles la autoestima. Solía ponerme como ejemplo: "A mí nunca me gustaron mis piernas, pata'e palo, pata'e pollo, pero, ¿Por qué me llamaban a mí así? Por el largo de las piernas, porque eran estilizadas. Sin saber, puede que lo que a uno menos le gusta, sea el punto de enganche con los demás". Con frecuencia aparecía alguien que me preguntaba "Y tú, ¿Por qué no te has casado? ¿Y por qué no tienes pareja?". Yo respondía que no había conseguido a la persona idónea, que prefería estar sola que mal acompañada. A veces les daba curiosidad que tantas mujeres del medio tenían casa, carro, choferes, escolta, y que yo era muy sencilla, que solía estar dispuesta para una foto, un autógrafo. Me comportaba igual con los patrocinantes a quienes les agradecía su apoyo, su colaboración.

Fue una etapa de crecimiento personal y profesional.

A los asistentes les hablaba por la calle del medio, no disfrazaba nada. Por ejemplo, a las que comían chiclets: "¿Ustedes no ven que cuando van en la cola, siempre nos están observando? ¿ven a la gente que va chasqueando, y saca el chiclet, mete el chiclet, no es feo?" Les llevaba situaciones de la vida cotidiana.

En uno de esos talleres se me paró una niña y me dijo: "¿Sabes qué?, yo no vine aquí a que tú me dieras un sermón, vine a aprender pasarela y etiqueta". Y me lancé un champú también: "¿Cuánto fue que costó el taller?, ¿Cuál es el nombre de tu representante? Tranquila, te puedes ir que les devolvemos el dinero, porque si no te gusta lo que yo estoy diciendo, prefiero que te retires".

La niña tenía como dieciséis años, y nunca pensó que iba a reaccionar de esa manera. Y agregué: "¿Sabes cuántas personas quisieran estar en mi taller? Miles, que lamentándolo mucho no tienen los recursos. Tú que tienes la oportunidad piensas que te estoy sermoneando. Si quieres lo tomas, si quieres lo dejas, porque lo que hago, va con todo el cariño del mundo". Se hizo un largo silencio y la niña se quedó impactada, salió y se puso a llorar y al rato entró. "Quiero pedir disculpas, usted tiene razón, tome, le devuelvo su cheque". Siguió en el taller y al día siguiente me dijo la mamá, "No sé qué paso, pero mi hija llegó con otra mentalidad a la casa".

Muchas mamás me dieron las gracias, "Mi niña de un día para otro está haciendo esto, es colaboradora". Al final del curso me gustaba invitar a todos los papás para que fueran, así estuviéramos en un espacio pequeño. Ellos emocionados porque su inversión había servido para algo tan importante que ayudaba a la formación de sus hijas y su familia en general.

La Guía "Taller Veruzhka Ramírez" arranca con esta frase: "Todos merecemos una oportunidad".

Destaco como herramientas para el "Camino al éxito" la humildad, la responsabilidad, la disciplina, la puntualidad, la actitud y creer en uno mismo.

Describo lo que es una modelo, sus cualidades, la importancia de cautivar al espectador, manteniendo la ética profesional y siempre con un alto sentido de compañerismo.

En el Taller de Pasarela detallo en teoría y práctica

algunas técnicas como la de punta y talón, que consiste en afincar la punta del pie y luego el talón para deslizarse de forma elegante, así como el ir colocando un pie delante del otro

Insisto mucho en la actitud, la cual tiene que expresarse de forma segura y firme, hay que caminar ergui-

da y mirando al público, disfrutar el momento, encontrar la expresión corporal más correcta para nuestro cuerpo. Al final de la pasarela hay que calcular cinco segundos para devolverse cuidando de que lo último que gira es el rostro. Uno de los aspectos que repito con insistencia es la responsabilidad que tienen las modelos a la hora de desfilar. Nunca se deben ingerir caramelos o chiclets. Y en el área de vestirse hay que mantener concentración en el trabajo, no hay tiempo para más nada.

Una modelo debe mostrar sus emociones de modo convincente porque los productos que las modelos anuncian, los artículos que ilustran, la ropa que ofrecen en la pasarela, tienen un valor porque prometen un beneficio al consumidor y la modelo debe mostrarlas por medio de sus expresiones faciales y gestos corporales para que el público se identifique con ella.

Igualmente me refiero a las tendencias, a las modas marcadas por pautas técnicas y por la creatividad de diseñadores, modelos, marcas y firmas reconocidas.

Me encanta agregar algunos tips, como los de elementos básicos que no deben faltar en un armario: una camisa blanca manga corta y larga, una chaqueta marrón, una negra y otra blanca; un par de zapatos negros de punta, unos jeans tubo preferiblemente azules, una falda, un vestido negro básico, ropa interior de tres colores, blanca, negra y beige, y una importante variedad de accesorios.

A los hombres recomiendo tener un par de zapatos de vestir punta cuadrada y un traje negro formal.

También refiero tips para maquillaje y peluquería: llevar un maquillaje fresco para todo lo que tiene que ver con casting, maquillaje básico polvo o base, rímel, blush, labial; en las horas de la mañana no se deben utilizar colores fuertes porque rompen con la frescura del rostro, y se debe tener presente que los maquillajes recargados aumentan la edad, el cabello debe ir natural seco y bien cuidado, las espumas y gelatinas en exceso son dañinas. Y recordar que mientras más natural uno se muestre, es mejor.

También trabajé con la "Agencia del Pentágono", ¿Cómo olvidar ese nombre? con la señora Nora Manzano que me contrató para que fuera la animadora del "Mini Venezuela" y además estuve con "Producciones Siegelmann", con quienes hice el "Mini Venezuela Tropical", y con "Status Magazine" en Barinas con Luymer Navarro y "Melvin Producciones", la agencia Grado 33 de Luis Muñoz y muchas más que creyeron en Camino al Éxito.

Era lógico que extendiera los talleres a niñas lo cual era una responsabilidad mayor porque ya no eran jóvenes adolescentes, ahora se trataba de pequeñas a quienes yo debía trazar una directriz, y tener un comportamiento impecable porque era su ejemplo a seguir. Eso me hizo viajar aún más por toda Venezuela, no tenía fin de semana libre.

Yo le decía a la señora Nora, "Acuérdese de que es un concurso de niñas, no pretendan pintar a las criaturas las uñas de verde, fucsia, morado, ni pintarlas como transformistas". Ella medio se dejaba orientar. Había mamás que querían participar a través de las niñas, igual me pasaba en los talleres.

Yo les decía: "Señora, si su hija no quiere ser modelo, no la obligue". Las niñas se veían divinas y sin embargo me decían: "Lo mío no es ser modelo, es ser arquitecto, o ingeniero industrial". Otra quería ser Miss Venezuela y otra actriz. Todas tenían su sueño y su vocación, pero muchas veces las mamás las empujaban a que tenían que ser miss, o que tenían que ser modelo. "Déjelas que ellas elijan, yo no elegí ser modelo, a mí se me presentó la oportunidad y fue una forma de aprovecharla, pero más que todo fue por necesidad y para demostrar que sí era posible, que uno puede llegar a triunfar sin que te etiqueten, sin que te hagan a un lado".

Hubo talleres donde yo además animaba un evento en la noche, como parte del acuerdo. De eso viví un buen tiempo, lo disfrutaba y sentía que compartía mis conocimientos y aprendía docencia. Hice los talleres hasta que me casé.

CAPITULO XII

LA FUERZA
ESPIRITUAL

Si uno tiene fe y respeto por las cosas, cuando las valoras, esas mismas energías te acompañan y te bendicen.

Nací el 30 de julio de 1979 a las 4:35 de la tarde un día jueves en manos del doctor Marino en la maternidad de Táriba, de parto natural. Mi madre era fanática del fotógrafo Franco Rubartelli, él tenía una novia para aquella época, la gran Modelo internacional, llamada Veruschka Graefin Von Lehndorff de los años 60 y 70 , de aquí nace mi nombre Veruzhka. Soy Leo con ascendente en Capricornio, me interesa la astrología.

He convivido con la complejidad de las creencias, y desde pequeña sentí fe en Dios. Mi mamá era muy católica, coordinaba los rezos de rosarios y la contrataban para rezarle a los muertos, todavía lo hace. También limpiaba las capillas, se iba al cementerio y ayudaba al mantenimiento de las tumbas, las lápidas, nosotros la acompañábamos. A veces mientras ella rezaba me daba sueño, como a una niña normal. Entendía la relación con Dios con mucho respeto, porque se trataba de algo importante.

Me gustaba cuando venía Semana Santa porque veía los Viacrucis, el Corpus Christi y pasaban todas las películas de religión a través de las cuales era fácil de entender la historia. Crecí con la fe en Dios, en que hay un ser, o varios, que me cuidan.

Cuando hice la Primera Comunión me vistieron de Santa Teresita del Niño Jesús. Fue una promesa que había hecho mi mamá, porque estando yo muy pequeña, sufrí una especie de paro respiratorio, algo me pasó chiquita, y ella ofreció vestirme así ese día, por lo que me vistieron de monja. Fue una promesa pagada en agradecimiento a Dios y a su fe. Me confesaba poco, cuando se es niño son muy pocos los pecados posibles, tal vez no hay, aunque cuando me confesaba me mandaban a rezar cinco Padrenuestros, dos Avemarías y una Gloria. Luego cuando empecé a leer, a nutrirme, me gustó la historia de San Francisco de Asís, las crónicas sobre cómo se hizo la Iglesia, de por qué la Iglesia, y saber que la Iglesia según Dios, no necesita templos, ni monumentos para que lo adoren, ni lujos, porque él está en todos lados, eso me quedó.

Después empecé a ir a la iglesia con la señora Luzmila que iba a misa, yo ayudaba al sacerdote, llevaba la vela y asistía al padre. Fui monaguilla.

La señora Luzmila también me inculcó creer en el Ángel de la Guarda quien siempre nos acompaña y protege. Aprendí que tenemos espíritus, guías y protectores por todos lados.

Cuando me desesperaba, cuando me ponía a llorar, y me preguntaba "¿Por qué me está pasando esto a mí?, ¿Será que te olvidaste de mí?, ¿Qué he hecho yo para merecer esto?, ¡No tengo la culpa!". Venía mi propia respuesta: "Yo sé que usted debe tener algo bueno para mí, yo sé Dios que usted debe tener algo bueno para mí". Siempre trataba de transformar lo negativo en positivo.

Con mi mamá había visto otras cosas. A ella le gustaba ir donde una señora que se llamaba Clara que era espiritista -a mí todo eso me ha seguido desde chiquita- con ella fuimos a la montaña de Sorte y a la montaña de Quibayo donde hacían caravanas, procesiones para pagar promesas, cosas bonitas, nunca feas, aunque miedosa yo era para esas situaciones; ahora de grande me encantan, las considero con mucho respeto. De pequeña cuando veía que se ponían a jugar la "ouija", me daba terror, o el sorteo de colores, que dependiendo de cómo cayera -sí o no- le tocaba la cinta roja con la biblia y la tijera.

En la provincia es natural entre adultos y niños, convocar a los espíritus. Cuando íbamos donde la señora Clara, ella prendía velitas. Nos acostumbramos a que todos los lunes debía prender una velita a las Ánimas del Purgatorio, porque si no se les prendía una vela nos despertaban en la noche. Y es verdad, uno piensa que no, pero cuando tengo algo que hacer, yo: "Benditas Ánimas del purgatorio, párenme temprano, a las cinco de la mañana". Y listo. No me gusta que se burlen ni de las ánimas, ni de los muertos, ni de los espíritus, ni de los espantos, ni nada de eso porque son cosas muy delicadas.

Mi mamá tenía su altarcito en el que estaban sus vírgenes, toda la corte celestial, a los que llama los hermanos María Lionza, Indio Guaicaipuro, Negro Felipe, la trilogía de Venezuela.

Viví desde pequeña el sincretismo religioso, la parte esotérica. Entendí muchas visiones para manifestar la fe. Para mí ha sido natural que un altar se comparta con varias figuras, donde estén las deidades representadas según distintas creencias, como es la religión Yoruba donde la Virgen de Las Mercedes es Obatalá, la Caridad del Cobre es Oshun, San Lázaro es Babalu Ayé, Shangó es Santa Bárbara, Orula es San Francisco de Asís, el Divino Niño es Eleguá, Yemayá es la Virgen del Valle, y Oyá la Virgen de la Candelaria, por nombrar algunos. Todos se sincretizan bajo un santo o una virgen. A ellos les gustan las ofrendas. De esa religión lo que no comparto es la parte de los sacrificios de animales.

Una vez mi mamá me llevó a la montaña de Sorte, me encantó. Estaba feliz, nos fuimos de campamento, todos tranquilos y se escuchaba cualquier cantidad de ruidos extraños, rugía un tigre y se escuchaban sonidos de seres que debían ser muy pequeños, supuestamente los duendes. Uno ni se movía porque si te agarraba un duende... Nos metían aquella historia, pero a mí me gustaba.

Después venían los tambores, el baño en el pozo de la Reina, en el pozo de Don Nicanor, subíamos a los palacios, nosotros éramos espectadores, nos limpiaban y uno salía como si nada, pero siempre veía que la señora que nos acompañaba pedía permiso a través del humo del tabaco; si no le daban permiso, ella no hacía nada, porque eso era muy delicado. Una vez mi mamá en una caravana que hicieron para allá para Sorte, tuvo un accidente, creo que le pasó algo en una pierna y dejó de ir un tiempo y se quedó tranquila.

Las religiones y creencias son ejercicio de humildad, hay que llevarlas con respeto. En muchos casos te advierten sobre tus debilidades, en cada uno está en saber qué decide hacer. Rezo el Padrenuestro, el Ave María, a veces hago el rosario o la novena a San Miguel Arcángel o la de San Lázaro y la Virgen de la Consolación de Táriba. Les prendo la luz, los tengo presentes.

La energía, la fe, colocados al servicio del bien, van a hacer bien.

Me encantan las ceremonias del "Feng Shui", celebrar el espíritu de la navidad. No veo nada pagano en creer en la astrología, y respeto cuando me leen las cartas, en especial las del "Tarot". La metafísica me interesa y considero que no estamos solos en esta tierra.

El sincretismo está en casi todos los venezolanos. Quien me diga que no se ha echado las cartas del "Tarot", no lee su horóscopo, o no se ha fumado un tabaco en su vida, no le creo. Yo pedía a las deidades cuando iba a presentar exámenes, o a algunos personajes; por ejemplo, tenía mi estampita del profesor Lino Valles que se hizo muy famoso, porque ayudaba a los niños, le llevaban placas por el favor concedido. Eso lo viví mucho con mi mamá que se refería a los espíritus de personas ya fallecidas que hacían milagros.

Empecé a tener más respeto cuando iba a tumbas

donde veía gran cantidad de placas dándole gracias a una persona muerta porque la ayudó, porque le pidieron con fe. Entonces no faltaba mi estampita del profesor Lino Valles y del Divino Niño que iba conmigo a todos lados.

Lo que más pido es que me mantenga alejada de las cosas malas, al Santo Niño de Atocha o al Divino Niño, que también se sincretiza en la religión Yoruba como Eleguá, que es quien abre y cierra los caminos, le solicito: "Por favor, aleja de mi camino cualquier peligro y protégeme de todo mal".

Y en Táchira en la vía hacia Cordero, hay una capilla donde supuestamente se apareció un niño y dejó los piecitos marcados en una piedra, allí hicieron un monumento al Divino Niño.

Debo recordar que yo entro a la vida de la señora Luzmila por una promesa al Señor de los Milagros de Buga. Cuando ella me acogió se sintió en el compromiso de ayudar a alguien y esa fui yo, y después que me coronaron "Miss Venezuela", fui donde el Señor de los Milagros de Buga y le agradecí.

El señor Palmidio y la señora Josefa –los de la yuca fría- rezaban el rosario todos los días a una hora específica. Allí también viví un tiempo. Siempre he estado rodeada de gente con fe. Ellos rezaban entre las seis y siete, las horas de las puestas del sol, cuando uno debe pedir deseos, tiene que ver con las horas cíclicas seis, doce, seis y la hora que se levantan los muertos, las tres de la mañana, que la gente buena pide, y la gente mala hace desastres y les gusta convocar la maldad. Me complace saber de todo y empecé a tener fe desde temprana edad.

Yo veía a mi mamá que le pedía a los hermanos, sanamente, siempre les encendía sus velitas. El azul era para la Reina María Lionza, el amarillo para el Indio Guaicaipuro y el velón rojo era para el Negro Felipe, y entonces después si venía un chamarrero, (en la Corte Chamarrera, estaban Don Nicanor Ochoa Pinto Morillo, Don Toribio Montañez, el profesor Lino Valles y otros), ella prendía sus velitas, les pedía, les ponía su cafecito, su vaso de agua. También a las Benditas Ánimas del Purgatorio. Y a mí me quedó eso, los lunes les decía a las ánimas, no me vayan a espantar, no me vayan a asustar.

Estuve en un grupo de hermanos franciscanos en Táchira llamado "Soldedi", cuando tenía entre quince y diecisiete años. Me divertí mucho en esos campamentos, éramos todos jóvenes que íbamos a la iglesia, nos reuníamos en la plaza, recolectábamos para obras benéficas, colaborábamos con casas hogares con niños. Había encuentros nacionales y nos movíamos pidiendo cola, nos montábamos en un camión que cargaba plátanos, con gallinas, en lo que sea, hasta que llegábamos con nuestras mochilas al lugar acordado. Ahí estaba Claudia Avendaño que era la superior. Nos vestíamos, tipo boyscout, las mujeres con falda marrón, camisa kaki el pañuelito, íbamos a misa, a veces hacíamos coros, había guitarristas.

Eran paseos, retiros espirituales más que todo como una clase de yoga profundo, para vencer los miedos. Y después, a jugar futbolito, a bañarse en los ríos, a la diversión de jóvenes. La pasé muy bien, y todavía de vez en cuando hablo con Claudia. Ella también hacía danza, bailaba en un grupo y yo le pedía: "Tienes que enseñarnos".

Me hacía feliz porque yo terminaba pegando brincos, todo lo que es bailar y salir en escena, me ha gustado. Ese grupo fue muy bueno, nos reuníamos los domingos en la Plaza Bolívar frente a la iglesia donde había una señora que vendía chicha y pastelitos, uno bajaba, desayunaba, se quedaba en la plaza haciendo las actividades que le tocaban al grupo.

Fui avanzando en mis lecturas y conocí de los Iluminatis, el Opus Dei, Los Masones, todas esas cosas me llamaron la atención; hay que saber, la información es enriquecedora.

La parte esotérica me interesa sólo si es para cosas bonitas. A veces me baño con rosas y me echo miel y utilizo esencias. Cuando veo a Alfonso León anoto sus recetas, y a mis amigos Gustavo Rodríguez, Hermes Ramírez, les pongo atención cuando tengo oportunidad.

Durante todo mi embarazo tuve mi barriga con una cinta roja y la medalla de San Miguel Arcángel para que no le cayera mal de ojo a mi bebé. Me encanta y no me da pena contarlo, a nadie le hago daño con eso.

La numerología, de qué color te vas a vestir hoy, si es verde o púrpura, lo que es el poder de la mente, la fuerza de cómo puedes modificar situaciones, es indiscutible.

Respeto todas las religiones y credos, pero por supuesto discrepo de quienes en nombre de la religión matan gente, eso no puede ser.

Una vez me hicieron un trabajo de regresión, me llevó Osmel Sousa, eso fue muy interesante. Osmel me informó: "Te voy a llevar con un señor que te va a ayudar a drenar el dolor que sufriste cuando niña". Osmel pensó en eso porque había notado que yo a veces reflejaba molestia conmigo misma y me comportaba como un ser abandonado haciéndome la pregunta repetida: "¿Por qué me dejaron, será que soy mala?".

Ya había cumplido los dieciocho, ya era Miss Venezuela y me llevaron donde este señor amigo de Osmel que trabajaba para ayudar a curar el ser a través de una retrospección. Él me pidió: "Abraza a tu niña, recorre a tu niña". El señor me preguntaba, "¿Ves a esa niña?". Y yo me veía en la playa, chiquita. "Entonces, abraza a esa niña, reconcíliate con ella". Era un señor de contextura media que estaba en una oficina con su consultorio, con sus olores a incienso, a esencias, vestido normal y hacía sus consultas espirituales ahí. Fui varias veces, me acompañaban Osmel o María Kallay y me esperaban mientras yo estaba en mi terapia. Empezaba a hablar después que él me guiaba: "Relájate, cuenta hasta tres, respira profundo, ¿Cómo te ves?". Peleando, siempre me veía peleando, fui como cinco veces.

Lloré mucho, salía de ahí hecha un mar de lágrimas, y sí me ayudaba a drenar. Me dijo: "Mientras tú vivas esperando sólo afecto, vas a sufrir, vas a llorar mucho". Y es verdad yo soy muy sentimental, a veces no parece, pero cuando estoy sola lloro y trato de buscarle la vuelta, porque independientemente que desde pequeña he sido muy impulsiva, viviendo a la defensiva, aprendí algo -una de mis virtudes- a ser paciente, a ser muy paciente. Y cuando malos pensamientos me asaltan, empiezo a decirme frases positivas, porque a mí me han dicho hasta del mal que me voy a morir en mi cara, y yo empiezo: "Soy próspera, soy grande, soy exitosa, yo soy una persona de bien, soy un ser de luz, nada me molesta, nada me afecta".

Me digo cosas bonitas, respiro profundo, y empiezo hacer el apretaíto que ya expliqué. "Apretar las nalgas, contar hasta diez, respirar profundo y seguir". Esa es parte de mi paciencia, respirar mucho, la respiración ayuda una barbaridad.

En las regresiones siempre aparecía sola. En la parte donde me veía como guerrera, donde estaba peleando, me sentía mucho más hombre que mujer, me vi como un ser masculino con una espada, y veía mucha gente que no conocía. Empecé a leer sobre la reencarnación, que uno a veces repite cosas de las vidas pasadas, cuando no aprendes las lecciones, que te consigues con gente que fue enemigo tuyo otro tiempo y la conectas con el presente.

A veces estamos en situaciones en las que uno siente

"Yo estuve aquí, esto yo lo viví", un "deja vu", y como decía mi abuelita: "Ver para creer", porque hasta que a la gente no le sucede y lo experimenta, no va a creer. Yo he tenido esos "deja vu", he sentido cosas que me han servido para corregir.

A veces le tengo miedo a lo que sueño. Tengo sueños premonitorios.

Con mis otros papás los de Valencia vi también la religión, cómo se desarrollaba, las cosas que hacían, unas las compartía, otras no, pero lo respetaba. Con ellos conocí diferentes creencias, eran espiritistas, santeros, paleros. Vi todo eso, pero desde una manera honesta, pura, nunca presencié nada fuera de lo común.

También aprendí a ver el lado bonito y el lado feo de la religión, a percibir quiénes realmente lo hacen por fe, porque quieren hacer el bien, y los otros que comercian, a quienes les interesa el dinero. De esa familia decidí separarme porque ya había cumplido un ciclo, y porque en esa relación el cariño familiar se transformó en interés material, y aun cuando yo no lo quería ver, por fin apareció una luz en mi camino, un ser que quería compartir su vida conmigo, estar a mi lado, y ellos quisieron impedirlo sencillamente porque se iba la "gallinita de los huevos de oro".

De cualquier manera, siempre estaré agradecida por su cariño y por sus enseñanzas, y lo más importante: reafirmé que no hay que subestimar a nadie y que todo tiene un límite.

Cada uno de nosotros tiene un cuadro guía espiritual que nos protege, lo que yo llamo ángeles de la guarda, incluso algunos son terrenales y otros espirituales.

Dios siempre estará por encima de todo, dándonos su bendición y protección.

El mundo es energía, es fuerza, y solo nosotros tenemos la capacidad de canalizarlas. Unos nacen con dones, otros los aprenden y su misión es ayudar.

CAPITULO XIII

OSCAR

Mi estabilidad sentimental era una necesidad, estaba muy sola, me costaba creer en alguien y aun cuando viviera rodeada de gente, no compartía, y en lo que llegaba a mi casa me topaba con cuatro paredes. Las personas que me cortejaban eran jóvenes cercanos a mi edad, que andaban en otra nota, en rumbear, en salir, no en relaciones serias ni responsabilidades. Eso me pegaba mucho, ansiaba una familia, para mí era urgente.

Hasta este momento había compartido con distintos tipos de personas, sin haber logrado la magia que había soñado, me preguntaba si no existía nadie en este planeta que quisiera pasar su vida conmigo, ser mi compañero, mi cómplice, mi socio, mi amigo, mi amor, con quien lograr una estabilidad y formar una familia.

Había llegado a conversar con Luigi a quien le dije:

"Si no encuentro una pareja estable, me haré una inseminación artificial, pero de que tengo un hijo, tengo un hijo, con marido o sin él". Eso lo tenía claro, ya estaba como en los treinta o treinta y uno.

Estaba buscando dónde mudarme, cuando un día, un amigo diseñador maracucho me llama: "Tengo un pana que está alquilando un apartamento". Le refiero cuánto es lo máximo que puedo pagar para que le pregunte, y su respuesta fue: "Él te quiere conocer". Y yo de una vez coloco la pared. "¡Amjá! Y, ¿A cuenta de qué me quiere conocer?". "Porque él está interesado en hacer negocio con una revista". Oscar tenía junto a un socio, los derechos de "Soho" Colombia, para Venezuela. Y mi amigo continuó: "Quiere hacer la misma revista aquí en Venezuela, más seria y ejecutiva y está interesado en conversar con gente del medio". A mí me hacía dudar el tema porque sabía de la cantidad de mujeres que disputaban la posibilidad de salir en "Soho".

Pensé mal, y a la defensiva imaginé que ese personaje debía tener mucho dinero y que podía considerar juguetes a las mujeres, equiparándolas a un avión, o una casa lujosa. Mi amigo insistió mucho porque Oscar se mostró muy interesado, así que yo me adelanté: "No quiero salir con un hombre casado". "No, no, él es divorciado, todo un caballero, tiene sus hijos en Miami que viven allá con su ex esposa", me respondió el pana.

Lo del apartamento era cierto, aunque nunca lo conocí. Él sí estaba buscando a alguien para hacer una revista; cuando Oscar me conoció le parecí atractiva, interesante, imagino que distinta a las mujeres con quienes estaba saliendo. Ya era un hombre experimentado, había sido tremendo en sus años de soltero, duró nueve años libre después de su divorcio y había decidido decir "stop", procurar su estabilidad. Primero empezamos a escribirnos por el "pin", pero Oscar es muy seco escribiendo, y yo nunca podía asistir a sus propuestas de citas porque para mí era prioridad mi trabajo, yo lo necesitaba, hacía los talleres y me tomé esa responsabilidad con mucha seriedad. Así que cuando Oscar me escribía yo respondía: "Hola señor Oscar". Y él: "No me digas señor". Y yo, "Ok Oscar". "¿Hoy puedes?", me preguntaba. "No". Hasta que un día se molestó: "Bueno, ¿Cuándo vas a poder? porque yo necesito reunirme". "Mire señor Oscar, usted está como el repelente de mosquitos "Off", porque él se ponía OF, Oscar Farías". Al mismo tiempo me dije: "Cometí una imprudencia, estuve chocante". Y él no me escribió más. Y yo pensé "Ah, bueno, me da igual".

Seguí haciendo mis talleres y mis cosas hasta que un día me llama por teléfono: "Vamos a vernos". "Estoy en

Punto Fijo, llego tal día y podemos vernos". Nos citamos para las siete de la noche en el restaurant "Pacífico". Me mandó a buscar al gimnasio con sus escoltas, a uno de ellos, Robert Escobar –una gran persona- lo saludé diciéndole: "Mucho gusto señor Oscar". El joven se puso colorado porque lo había confundido con su jefe.

"Hola señor Oscar". "No me digas señor". Y empezamos a hablar de la vida, de mi mamá, de mi papá, de mi futuro, de mi presente, eso fue una larga conversación. Yo lo que hacía era comer, comer, y comer, desde que llegué hasta que me fui. Oscar recuerda: "Veru, ese día parecía que hubieras llegado en una balsa".

Él estaba vestido de jeans, tenía una camisa entre kaki y verde, y perfumado, olía rico. Yo pensé: "el señor es muy guapo". Me habían hablado de un señor, y yo me imaginé alguien mayor. Oscar me lleva 15 años, pero no parece. Fue muy agradable, muy agradable, hablé con él de todo, y él muy divertido me decía, "Pero tú comes, ¿No?". Él lo que más recuerda es eso: "Comió como nunca en su vida", dice, y es verdad, tal vez sin darme cuenta estaba nerviosa.

Oscar me planteó lo de la revista, ya eran como las once y media de la noche y le digo "Me tengo que ir", y se sorprendió. "Yo me estoy quedando en casa ajena y no quiero que me llamen la atención" le dije. Para mí era una falta de respeto, llegar tarde en la noche. Él me mandó con sus escoltas, luego me escribió, "Muy agradable la cena, pero quiero hacer la revista".

Oscar comenzó a llamarme, se mostraba caballeroso "¿Necesitas un carro?, ¿Necesitas que te lleve?". Él estaba acostumbrado a que todas le decían "Sí, sí, sí", y yo era, "No, no, no". Es posible que eso lo haya picado un poco "Esta tiene que tener algo".

En otra oportunidad volvimos a cenar y fuimos conversando y conversando, él me hablaba de sus hijos, de su familia, de las cosas que hacía, y yo de mis cosas. "¿Y tú no tienes ningún tiempo libre?". Ya como a la tercera cena "Necesito que vayamos a Miami". Y de una vez, yo: "¿Y a cuenta de qué vamos a ir para Miami?". "Bueno está bien, ¿qué vas a hacer en Semana Santa?". "No sé". "Ah, porque me gustaría que me acompañaras a Miami para que conocieras a mis hijos", aseveró de inmediato. Oscar en todo el tiempo que estuvo de soltero jamás le presentó sus hijos a nadie, porque él decía que eso era desestabilizarlos, así que esa propuesta me dejó fría, y yo: "Ah Ok, chévere".

Se acercaba el cumpleaños de Peggy, la gente de Valencia y yo le conté que tenía que ir, y él de inmediato reaccionó: "Yo voy contigo". Confieso que por momentos dudaba y me preguntaba "¿Y si es igual que los demás?". A uno le pasa todo por la cabeza. "Que no se vaya a burlar de mí y venga a ser yo una más del montón".

Nos fuimos a Valencia, le compré unos regalos a Peggy, compartimos en familia, y él soltó lo siguiente: "Quiero con Veruzhka una estabilidad". Me sorprendió, y de inmediato entendí que lo que estaba planteado entre nosotros era serio. Ese día en la mañana me había dicho: "De verdad yo quiero organizar mi vida, y quiero que tú me lo hagas y me ayudes con mis hijos".

Y así sucedió. Yo salí de la casa y me fui con Oscar, empecé a estar con Oscar desde el primer día, a vivir, a convivir con Oscar en Caracas. Él estaba arreglando su apartamento, aún le faltaban detalles, y de una vez me dijo, "Si quieres nos vamos a un hotel" y yo dije, "No, ¿Qué voy hacer en un hotel?".

El apartamento no tenía todavía las persianas, ¡Y aquella claridad a las cinco de la mañana! Pasamos la noche juntos y empezó mi aventura con mi esposo.

Desde ese momento tratamos de vivir las 24 horas

juntos, cada vez que no está por razones de trabajo, lo añoro una barbaridad.

Lo amo inmensamente.

Mi esposo es empresario, tiene una historia muy bonita en la que comenzó como perrocalientero. Es una persona con mucha voluntad, trabajador, todo lo que tiene es producto de su esfuerzo. Alcanzó a tener veintisiete carritos de perros calientes en Estados Unidos. Así se fue haciendo en los negocios. Tuvo restaurantes de comida rápida "Date".

Salió de su casa a muy temprana edad y se relacionó con gente mayor que le transmitió las enseñanzas que le permitieron alcanzar lo que tiene hoy. Cuando Oscar expresó sus intenciones de formalizar su relación conmigo la gente de Valencia se opuso, pero yo estaba decidida. Con mis treinta y dos años, estaba cansada de estar controlada, así que empecé a convivir con Oscar. Para mí era nuevo sentir que no era la muchacha de servicio de alguien, ahora yo era la pareja de Oscar. Era una sensación que me generaba miedo, porque Oscar había sido muy tremendo, pero él me había hablado claro; yo tenía dentro de mí algo que me decía que confiara, que me hacía sentir segura. Aun así, sabía que tenía que ser muy inteligente y muy paciente, porque él no era un niño, y tenía sus costumbres. No es lo mismo cuando convives con una persona de tu misma edad a cuando lo haces con una persona quince años mayor, que tiene su vida hecha, y que es exigente.

Por ejemplo, yo me paraba en pijama, con mi mono, con mi camisita, y él con sutileza me hacía ver: "Me gusta que la persona que esté conmigo ande arreglada y bella". Al día siguiente me levanté, me bañé, me hice los rollos, me maquillé y empecé a estar de punta en blanco, y a aprender cómo se llevaba la casa.

Oscar le dijo a la señora Magdalena, que es la que trabaja en su casa: "Mañana viene mi novia". Y ella se sorprendió: "Nunca pensé que iba a trabajar con Veruzhka Ramírez, que bueno". Hicimos una buena amistad porque Magdalena es del pueblo de Rubio.

Ya yo estaba decidida a formar una familia con Oscar, decidida. Antes de Oscar yo me decía: "En este mundo tiene que haber una persona para mí, un ser que me ame, que me respete, que me valore, que quiera una estabilidad conmigo, no puede ser que yo vaya a terminar sola toda la vida".

Oscar era el hombre de mis sueños, y él se fue adaptando a mí como pareja. Yo pensaba "Sí puedo con esta relación, puedo aprender, puedo lograr la estabilidad". Y fue sólido el sentimiento de Oscar, que no cayó en chismes que pretendían herirnos. Igual me sucedió a mí. Nuestra relación al principio fue dura ya que mucha gente quiso intervenir entre nosotros para separarnos. Lo intentaron inventando cuentos, procurando sembrar dudas. Pero el amor verdadero siempre se impone. Finalmente viajamos para Miami y conocí a sus hijos. Un encanto de niños. Yo seguía trabajando, él salía, hacía sus cosas. En uno de esos viajes yo me tenía que regresar a Venezuela porque todavía me quedaban dos fechas de talleres comprometidos. Oscar me llamaba a cada rato, me enviaba fotos reportándose.

Terminé lo de los talleres y Oscar me preguntó, "¿Cuándo es que se cumple el aniversario de tu participación en el Miss Venezuela?". "El 12 de septiembre". Yo aún sentía que no habíamos alcanzado la estabilidad emocional. Teníamos una semana feliz, y otra no tanto, nos estábamos acoplando y vivíamos entre Miami y Venezuela.

Habíamos empezado a salir más con sus niños, a compartir, y justo el 11 de septiembre tuvimos una discusión, ya ni recuerdo por qué. Al día siguiente cuando estábamos saliendo me dijo: "Tráete el pasaporte a ver si nos casamos". Nos fuimos al juzgado de Coral

Gables, él ya me había dicho que quería casarse, pero yo decía: "No, espérese, espérese". Ese día yo andaba vestida de diario, con una camisita, un pantalón una blusita, mi cartera, andábamos bonitos, normal, y nos fuimos.

Él se sentó a esperar hasta que nos atendió una cubana a quien Oscar le dice: "Señora, venimos a ver lo de la licencia". Antes en Miami para casarse tenías que sacar previamente una licencia y el proceso duraba unas tres semanas, exigían un curso. La señora nos dice: "para ver los pasaportes". Y se voltea, "Óyeme, ¿Ustedes se quieren casar hoy?". Y Oscar me mira, "Sí, nos queremos casar hoy". Yo me quedé, de piedra. "Veru, nos casamos, ¿no?". Y yo: "Nos casamos, nos casamos". También pensé: "Dios mío, ¿Qué voy hacer? ¿Lo que estoy haciendo será para bien?". Ya no había posibilidad de dar marcha atrás.

Ni siquiera nos tomamos fotos, sólo estábamos los dos. Se me salían las lágrimas, "Puede besar a la novia". Oscar se montó en el carro, y con una sonrisa me dijo: "Veru, te casaste". "Sí, me casé".

Así fue que nos casamos, un 12 de septiembre, el mismo día que me coronaron Miss Venezuela. Luego de eso nos fuimos a comer, a cenar, como un día rutinario, pero con aquella sorpresota. Venía la primera comunión de los niños de Oscar, nos hicimos unas fotos bien bonitas con un amigo de él.

Oscar tiene cuatro hijos de su vida anterior a mí: uno mayor que tiene veintiocho Oscar Eduardo de quien tiene dos nietos Juana y Leon. Y Claudia, Isabela y Javier que son de su segundo matrimonio.

Entonces ese día nos vinimos para la primera comunión de los niños, hicimos lo que teníamos que hacer, nos tomamos unas fotos oficiales y me acuerdo que yo todavía estaba trabajando con Reinaldo, con Luigi, con el que me diera trabajo, pero ya estaba un poco más retirada y me dice Oscar un 4 de noviembre, "Va siendo momento de que publiques que nos casamos", y lo publiqué en las redes: "Tengo que decirles que soy una mujer felizmente casada".

Eso corrió como pólvora. Inventaron una fiesta de boda en Miami con los más íntimos, en jardines colgantes: les faltó poner Jardines Colgantes de Babilonia, porque hicieron toda una película.

Ni sospechaban del novio, sabían que tenías una relación, pero yo no había publicado nada con Oscar.

Empecé mi vida de casada, era diferente, llevaba una

casa, administraba mi hogar. Pasábamos todo el tiempo pegados el uno al otro. Él viajaba, y yo iba con él, como un corroncho.

Mi vida cambió para bien. Me gusta llevar mi hogar, y aun cuando puedo tener quien me ayude, yo lavo, limpio, barro, plancho -si es el caso, llevo la ropa a la tintorería- trato de mantener la casa ordenada y en ocasiones invento en la cocina. Lo que más me ha costado es depender, porque yo estaba acostumbrada a trabajar 24 por 24, a que todo me lo pagaba yo, a que todo lo hacía yo. Aquí cuento con una pareja para tomar una decisión. Eso es bonito, igual tuve que arrancar de cero después de haber pasado tantos años sola.

Somos una pareja que comparte muchas cosas, aunque a veces nos queramos matar porque no todos los días son de amor ni todos los años son de flores, pero son crisis que pasan. Yo había dejado de trabajar y empecé ayudarlo a él con sus cosas, porque necesitaba sentirme productiva. Él papel de inútil no me va. Cuando teníamos como año y medio juntos, me dijo, "Veru, vamos a lo del bebé", era para hacerme un tratamiento para salir embarazada porque yo había dejado de cuidarme desde hacía como un año y nada. En ese ínterin, en ese mismo enero, me invita a mí José Gregorio Vielma Mora, a quien conozco desde que tengo dieciséis años, para informarme de que me iban a condecorar. Compartimos con José Gregorio y con Karla su esposa, sus hijos y familia.

Lloré el día que me condecoraron.

En esa semana hice un reencuentro con mi mamá a quien tenía años sin ver, igual que a mi hermano. Quería cerrar esos ciclos de karma, tenía que darle la oportunidad a mi mamá del perdón.

Fue en casa de un familiar de José Gregorio y estaba Karla, y la familia, a la expectativa porque era el reencuentro con mi mamá. Oscar no la conocía y se sentía un tanto incómodo. Yo le dije, "Creo que es hora de que yo afronte, comparta y ayude a mi mamá, porque si yo he podido ayudar a otros y les he dado de todo, por qué no ayudo a los míos, así se hayan portado como se hayan portado. Nadie nace aprendido". Y como me dijo Oscar en una oportunidad: "Nadie viene a este mundo con un manual bajo el brazo para seguir las instrucciones, lo estoy haciendo bien, no lo estoy haciendo bien".

Cuando vi a mi mamá, sentí un frío por todo mi cuerpo y ella comenzó a llorar sin parar y mi hermano lloraba más todavía. Yo si acaso solté una lágrima. Mi mamá me pidió perdón. "Sé que fallé en muchas cosas por estar pendiente de lo que no tenía que estar pendiente, te sentiste abandonada". A mi hermano le dio un soponcio, casi le da un infarto, Brunito fue el que peor se puso. Compartí con ella cuatro días y de ahí fuimos a la feria y la pasamos como una familia, construimos una buena relación mi mamá y yo. En la feria me dieron mi condecoración, y lloré como una Magdalena porque es bonito que te reconozcan tus cosas.

Regresé y me hice los exámenes de fertilidad y empecé el tratamiento. Eran días en los que Oscar estaba muy ocupado.

Él veía que yo era muy paciente y él siempre lo dice, "Me quito el sombrero contigo, porque una de tus virtudes es la paciencia". Yo le decía a mi doctor Isaac: "Quiero salir embarazada en marzo y parir en diciembre, mejor si es el día de Santa Bárbara, y voy a tener una niña". El doctor me decía: "Las probabilidades con la inseminación son entre quince y veinte por ciento". Yo insistía: "Usted va a ver que, a la primera, vamos a acertar". A los 20 días me fui a hacer el examen y me dice el doctor Valentín –después de leerme una cantidad de valores- "Estás embarazada, cuidado y si no son morochos". Llamé a Oscar: "¡Vamos a ser papás!".

El médico admitió: "Saliste embarazada como habías dicho". Yo le repetía a Oscar: "Vas a ver que nace el día de Santa Bárbara".

Me puse mi cinta roja, mi medallita de San Miguel Arcángel, no entrené, no hice nada. Me tiré a disfrutar mi embarazo.

Una alegría inmensa nos embargó al saber que íbamos a ser padres, y empezaba una nueva aventura.

Oscar se convirtió para mí, más allá de mi esposo, en mi compañero, mi confidente, y lo más importante, en mi familia; un ser con un gran corazón, un temperamento fuerte, un excelente padre que vive y se desvive para sus hijos. Siempre lo digo, mientras otros están soñando con tener éxito, los triunfadores se levantan y trabajan por ello. Por eso, te elijo una y otra vez, mi amor, mi triunfador.

CAPITULO XIV

SOFIA

Me dicen que estoy embarazada, que tengo una personita que está creciendo en mi ser. Durante los primeros tres meses fue extraño porque no cambió absolutamente nada, aun cuando sabía que alguien estaba ahí; así que cuando empecé a sentir la bebé dentro, se apoderó de mí una sensación indescriptible, rara, no sabía si llorar de la emoción, no sé, fue como una sacudida por dentro, las dichosas maripositas que se apoderan del estómago.

Con Sofía en mi vientre sentí mucha alegría, pero pasé muchos sustos y eso me tenía angustiada. Rezaba porque mi bebé fuera sana, porque no hubiese ninguna complicación en el parto. Saber que vas a ser mamá es una ilusión única, incomparable. Es el amor creciendo dentro de ti, con vida propia, me imaginaba cómo era, cómo se iba transformando.

Cumplí una ceremonia del "Feng Shui" que me sugirió mi amigo Alfonso León. Tenía que hacer por 49 días una plana cuyo contenido debía repetir con el mismo deseo, escrito con el trazo hacia arriba para decretar la prosperidad.

No me podía olvidar ni un día porque se perdía el objetivo. Yo andaba con mi libro de Alfonso León para arriba y para bajo. Mi esposo Oscar al verme me preguntaba: "¿Y el libro?". Llené dos cuadernos porque yo tengo la letra grande, aunque me esmeré en realizarlo con una caligrafía bonita. Calculo que practiqué unas 300 veces antes de empezar a llenarlo. Hacía mis planas todos los días. Sólo una vez estaba acostada y le digo a Oscar, "¿Qué hora es?". "Las diez". Pegué un brinco, "las planas". Y comencé: "Yo, Veruzhka Tatiana Ramírez, deseo que mi hija Sofía Farías sea una niña sana, fuerte, buena, saludable". Fue divertido porque al final de las planas tú tienes que quemarlas con una velita blanca y una varillita de sándalo. El cuaderno de Alfonso León traía una tacita para quemar las hojas, y yo decía, "Dios de mi vida, y ahora, ¿Cómo hago?". Tenía que hacerlo en el patio por seguridad, además Oscar con esas cosas es muy delicado. Yo llamé a Alfonso,

"¿Lo puedo hacer en una olla normal, porque lo mío no es unas letricas chiquitas, lo mío son hojas y hojas y hojas". Aquello parecía una fogata en el patio, "Dios mío que no vayan a pensar los vecinos que yo estoy incendiando la casa". Metía una hojita, metía la otra, hasta que cumplí mi ceremonia.

Cumplí varios rituales de buena energía para Sofía, también agarré una foto de unas bebés bien lindas y las veía todos los días. Decretaba que mi hija siempre estuviera bella y sana, sobre todo sana, saludable, que es para mí lo más importante. El embarazo me pasó volando, rapidísimo, fueron los nueve meses más rápidos de mi vida, los 30 kilogramos mejores engordados. Me disfruté muchísimo esa barriga. Comí por diez, no tuve antojos, aunque me dio por comer dulce -y yo no soy dulcera- y después de que nació Sofía me quedé con el gusto por ellos.

Oscar le había comprado a sus hijos una perrita, una Pastor Alemán, pero la perrita había crecido mucho, era mi primera mascota, realmente mía. Oscar me mandó a hacer algo en la computadora y yo por salir apurada me he caído por las escaleras, di la vuelta y en medio del susto hice lo recomendado, me acosté boca arriba, respiré, y "Diosito, te lo pido de todo corazón, que no pierda la bebé". Me di un tortazo, pero todo siguió bien.

A mí no me pegó el embarazo nada, me dio fue sueño, más nada, ni náuseas, ni vomitadera, nada. Yo hice un taller que se llamaba "Camino al éxito", y ya me veía un poquito rellenita y todo el mundo con la intriga, y yo todavía decía que me estaba haciendo un tratamiento para salir embarazada. Recuerdo que estábamos en el Teatro "La Campiña", allí yo contaba un poco la historia de mi vida, enfocada también en cuales eran las herramientas para alcanzar el éxito, qué se necesita para llegar, hablé del perdón, de la autoestima.

Fue creciendo mi embarazo, yo no dije nada a los medios, eso me lo respetaron los amigos, incluso gente no tan cercana que me vio con la barriga. Yo seguía en mis controles, iba y venía Caracas-Miami, cada vez que me montaba en el avión me tomaba mis gotas de valeriana. Me hice la amniocentesis y corroboré que era una niña. Viajamos a Miami, duramos mes y medio, tiempo en que no fui al control y yo me sobaba mi barriga, me echaba mi miel, protegía a mi bebé.

Cuando pensamos en el nombre: "Mi hija tiene que tener nombre de reina. También consideré la numerología, que sea un alma pura, creativa, empezamos "Samantha Sofía, no, pero Samantha es como muy fuerte, vamos a invertirlo, Sofía Samantha, tampoco, Sofía Alejandra, tampoco, Sofía Alexandra, ese pega 1, 4, éste es el nombre".

Seguía mi embarazo feliz cuando me dio Polidramnio, -más líquido amniótico de lo normal- y el doctor se empeñó en que era congénito y yo: "Doctor, la bebé está perfecta", me mandan hacer el eco cardiograma fetal como a los siete meses y me han dado un diagnóstico erróneo, que mi niña venía con doble ventrículo derecho, y que apenas naciera había que operarla de corazón abierto porque si no se iba a morir. En ese momento estaba sola, Oscar estaba trabajando, llamé desesperada a mi amiga Catiana que tuvo su hija Isabelle y me recomendó un doctor perinatólogo, Carlos Bermúdez en la Policlínica Metropolitana. El doctor me recibió ese mismo día a las nueve de la noche, mi cabeza estaba que explotaba. "Hola Veru, ¿Qué tal, ¿Qué es lo que pasó? Ahí ya estaba con Oscar, nos trató con mucha calidez. Él tenía una pantalla y nos iba explicando todo, "Miren el corazón, esta niña viene perfecta, pero como yo no soy cardiólogo, los voy a remitir al doctor Ronald Ortega de la Metropolitana".

Al día siguiente, fuimos y ratificó el diagnóstico: "Esta niña viene perfecta, ¿Sabe qué?, no se haga más exámenes, disfrute lo que le queda de embarazo y descanse".

Comenzamos a buscar una nana, que nos ayudara, Oscar insistía en eso, y así nos recomiendan a Albita, de quien Dayana, una amiga, me dice: "Una de sus vir-

tudes es que siempre está sonriendo, tiene buen humor, es respetuosa, trabajó conmigo cinco años, es toda una mamá". Se quedó con nosotros en Miami. Ella me acompañó a comprar las cosas de la bebé, hicimos el baby shower, y ahí sí hice público mi embarazo.

Oscar tenía mucho trabajo, iba y venía todos los fines de semana, estaba muy atento a la fecha, le preguntaba al médico todos los días después que cumplí los ocho meses: "Doctor, ¿Ella va a parir hoy?". "No, no va a parir todavía". "¿Va a parir este fin de semana?" "No, todavía, pero después de las treinta y ocho semanas Oscar, no te aseguro nada". Decidí: "Voy a adornar la casa de Navidad porque si me pongo de parto quiero todo bonito. Oscar iba a cumplir sus cincuenta años y yo quería hacerle una fiesta, había contratado mariachis, vallenatos, pasapalos, torta, y pasado la invitación a los amigos a quienes decía: "Si no me pongo de parto, la fiesta es el sábado 6". Me voy de compras y me ha bajado sangre por la nariz y Albita se asustó "Llamen al 911", y yo "Ya va, no me siento mal, no me duele la cabeza".

Llamé a Oscar, y Oscar al doctor que le explicó sobre la sensibilidad de la mujer, los vasos sanguíneos, y la tendencia a unas débiles hemorragias. Así que armé la Navidad, Alba me decía, "Tiene que descansar, tiene que descansar", pero ya no podía dormir, tenía mucha incomodidad, debía hacerlo con mucho cuidado porque si dormía mucho del lado derecho se me bajaba la tensión, no entendí la explicación que me dio el doctor, que la bebé me pisaba una vena o algo así, y me bajaban los niveles de algo. Entonces dormía recta que es lo más incómodo cuando estás embarazada, pero estás feliz y Sofía era rochelera en la barriga de noche, era fiesta en América y se movía, brincaba y saltaba,

¡Dios! Además, las ganas de hacer pipí eran cada cinco minutos.

Se acercaba el fin de semana y le dije a Oscar: "Papi, tú deberías venir, porque voy a cumplir treinta y ocho semanas y acuérdese lo que dijo el doctor". También se acercaba su cumpleaños.

Cuando llegó fui a buscarlo con mi barrigota manejando al aeropuerto, me sobó la barriga: "Sofía, ya llegó papito, cuando quieras puedes salir". Como era su cumpleaños él se había tomado unos tragos en el avión, nos fuimos a un restaurant, él busco a la mamá, su hermana y cuñado, pero yo tenía incomodidad de ir al baño, nos vinimos como a las diez y media, y él cayó rendido, como muerto porque además de su celebración, estaba agotado y se había tomado una pastilla para dormir.

Ya yo tenía la maletica hecha de la bebe porque sabía que en cualquier momento explotaba la piñata, cuando a las tres y media de la madrugada siento dolor de barriga, un retortijón y fui al baño, me dije: "La carne me cayó pesada" y en lo que me paro sentí que se me contrajo la barriga y me fui para Google, puse contracciones, y empecé a caminar sin saber que mientras más caminaba, más aceleraba, obviamente no había hecho ni curso prenatal, ni yoga ni nada, me dediqué a comer y a pasar mi embarazo divino, a lucir mi barriga, a verme gorda, a ver mi celulitis, me sentía divina. Ya eran como las cuatro de la mañana y le digo a Oscar: "Papi, la bebé ya viene, tengo contracciones", él me toca la barriga y, "Sí, son contracciones, vámonos". Por supuesto que en el proceso se volvió a quedar dormido. Despertaron a Oscar para que cortara el cordón, tomó muchas fotos y yo: "Papi, ¿En todas sale mi totona?". Y él: "Sí, bueno Veru, es el momento, la euforia".

Sofía nació el 4 de diciembre a las once y trece minutos de la mañana, porque también dicen que, por regla de la astrología, del Feng Shui, los hijos que nacen en la mañana los padres son más prósperos, sobre todo el padre y yo quería que naciera en la mañana. Sofía no fue planificada en ese sentido, no, ella decidió la hora que nació, decidió el día que llegó, yo sólo dije, "¡Me encantaría!". Nació el día de Santa Bárbara y el doctor "Veru, tú lo decretaste, esa es una guerrera nata". Cuando me colocaron a Sofía sobre mí me quedé viéndola, la abracé, en ese momento no lloré, luego cuando la vi en la cuna, que me había quedado sola en el cuarto con ella, "¡buaaahhh!", parecía María Magdalena, lloraba y lloraba, fue una emoción gigantesca, bonita.

Me decía: "Ese pedacito salió de mí, ahora soy mamá".

Llamó mi suegra que vive en Miami, y yo con mi muchachita que me la pusieron, luego me la quitaron, la examinaron, le dieron vuelta, todo bien. Buscaron a Albita.

Yo agarraba a Sofía y me la pegué a mi pecho y veía que no me salía nada, y la niña pasando hambre, toda la noche llorando y yo decía, "No me sale nada, no me sale nada". Después del cuarto día me comenzó a salir poquita leche, llamé al doctor y nos dijo que completáramos con fórmula, no iba a poner a la bebé a pasar hambre. Veía a mi bebé tan frágil, tan delicada, tan endeble, temía hacerle daño. Menos mal que estaba Albita y me enseñó. Ya en la casa estaba feliz con mi muñequita, que era dormilona. La vida te cambia totalmente, ya no eres la esposa, también eres la mamá, la esposa-mamá.

Sólo pensaba que a mi hija no le iba a faltar nada, que lo que más iba a tener era amor, que nunca se iba a sentir sola. Por eso es que quiero darle un hermanito, estoy loca por salir embarazada. Quiero que tenga un hermanito que comparta en su casa con otro bebé, que tenga con quien conversar, con quien echarse los cuentos, así a veces estén como perros y gatos, pero ella lo necesita, su hermano inmediato mayor tiene 14 años, hay una diferencia enorme.

Quiero ver a mi familia crecer. Durante el embarazo hablé poco con mi mamá, sabía que estaba embarazada, pero hasta ahí. No se conmovió de una manera especial.

Es que cuando se pasa mucho tiempo distanciada de una persona, retomar nuevamente, que vuelvan a formarse esas alianzas, la confianza, es difícil. Mi mamá es mi mamá, y nos acostumbramos a una relación extraña. Eso no se cambia por decreto. Pienso que no puedo decir que voy a traerme a mi mamá a vivir conmigo, no sería cierto. Ni ella ni yo nos lo hemos planteado. Hay abuelas que se conmueven, pero obviamente el carácter de mi mamá es distinto. Mi mamá es fuerte, eso sí, le encanta su nieta, yo le he mandado álbumes y ella feliz y contenta con la bebé, tiene que estarlo, es la única nieta que tiene, mi hermano no ha tenido hijos, creo que él se va a quedar solo, como compañero de mi mamá. Siempre lo he dicho, se muere mi mamá y se muere mi hermano, o se muere mi hermano y se muere mi mamá, una de dos. Es otra forma de ver la vida y ellos no han querido cambiar.

Cuando hago el ejercicio o el dibujo mental de todo lo que le quisiera dar, o la ruta de vida que le quisiera marcar a Sofía, pienso en la humildad, en mucho amor, mucho respeto hacia las personas, eso es muy importante. Que privilegie valores y tome distancia de la banalidad, de tanta frivolidad en una sociedad que más valora a quien tenga mejor ropa, la cartera de marca, el apellido. Quiero que mi hija sea una persona normal, común y corriente, que pueda distinguir entre el bien y el mal, que ella tenga su libre albedrío, que aprenda con educación, con mucho respeto, que crezca con el sentido de la libertad, que no olvide sus raíces, que sepa ganarse las cosas, que para obtener esté consciente de que debe ser producto del esfuerzo y del trabajo honesto.

No me planteo la severidad como modo de educación. Yo que fui maltratada, que llevé palo como una gata ladrona, no quiero eso para mi hija. Uno puede enseñar sin maltratar; a mí me dieron palizas, pero eran otros tiempos y afortunadamente ha cambiado mucho la educación, y han cambiado las circunstancias. Quiero criar a mi hija con mucho amor, quiero que se sienta segura con su padre y madre. Y si más adelante tengo que trabajar y viajar, pues me la llevo. Ser madre es lo mejor del mundo y quiero hacerlo bien. Cuidar cada paso de ella.

Ver su crecimiento, ver cómo va avanzando, cada cosa que hace, todos los días llega con algo nuevo, yo digo que el día que abra la boquita, ¡Ay, mi madre!

¡Porque va a tener un carácter! Es muy cariñosa, muy sociable, pero me he dado cuenta de que lo que no le guste lo va a soltar. Me gusta que sea así.

Todas las noches rezo con Sofía al Ángel de la Guarda, como lo aprendí yo. Después ella decidirá y nosotras le respetaremos la fe que tenga. Quisiera preservar a mi hija fuera de todo dolor. Hubo un momento en que comenzaron a hacerle bullying a mi bebé en Instagram, se referían malamente a un detalle que es perfectamente corregible con una pequeña cirugía. Se trata de una leve "Ptosis palpebral", también denominada "blefaroptosis o ptosis del párpado", es un descenso permanente del párpado superior. Empezaron a meterse con la niña, y muchas mamás me decían "no publiques", y me indigné. "¿Por qué tengo que dejar de ser y hacer lo que los demás quieren? ¿Acaso una bebé debe mantenerse escondida por un defecto?". La gente es despiadada y siempre hay un estúpido que critica que si la nariz, la boca, o lo que sea. Después expliqué lo del párpado y el asunto se tranquilizó. De vez en cuando sale un ocioso, por eso en estos días coloqué un post donde les dije "Tú decides si quieres ser una gran persona, o ser una más del montón; tú decides tu felicidad, decides todo, como dar ejemplo".

Trato de no darle minutos de gloria a quien usa las

redes para hacer bullying, para maltratar, para hacer daño, pero también trato de hacer reflexionar. "Mira lo que estás haciendo, lee, evalúa lo que has recorrido y cuánto has crecido. Si te falta un área por mejorar, no la evadas, no lo dejes para después, hay que saber aprender la lección".

No todo es malo en las redes. Después del nacimiento de Sofía he podido hacer intercambios de información con otras mamás, sobre salud, recetas caseras, remedios naturales, eso me parece útil.

Ya Sofía va a la escuela, aprenderá al mismo tiempo inglés y español, eso es bueno. Es inevitable vivir con el temor de todas las madres, que a nuestro hijo le llegue a pasar algo, Sofía tiene mal dormir y yo tengo un monitor y me acuesto con un ojo abierto y otro cerrado. Me da tranquilidad confiar en su nana Albita, ella ha sido mi mano derecha,

mi compañera y mi maestra cuando me inicie en esta tarea de ser madre, porque uno tiene que saber muy bien quién cuida a nuestros hijos, con quién vas a dejarlos, eso es muy delicado.

Hasta los momentos, decidimos estar entre Miami y Venezuela por temporadas, para enseñarle a Sofía sus raíces, ya que nuestro deber como padres es ocuparnos y preocuparnos por su bienestar, darle tiempo de calidad y no de cantidad.

Quisiera enseñarle a Sofía que todo tiene un sacrificio, que debemos tratar de hacer el bien, que venimos a esta vida a cumplir una misión, que su mami nunca le va a fallar y que yo siempre estaré para lo que necesite. Trataré de no ser una madre sobreprotectora, aunque ya veo que soy mamá gallina. Quiero que mi hija aprenda todo lo que pueda.

Mi hija comprenderá que nada en la vida es regalado y que para alcanzar las grandes metas hay que trabajar duro, desde el más mínimo detalle.

Estoy cansada de las etiquetas, todo el mundo tiene derecho al buen trato, la discriminación y el maltrato son temas ante los que soy muy sensible.

Todos tienen derecho a triunfar. La envidia es una actitud de mediocres.

Si encuentras frialdad de parte de algunas personas, es importante tratar de comprender los problemas de los otros. Nunca olvides que bien vale la pena tratar de rescatar una sonrisa o un abrazo. Las paredes se escalan o derrumban y hay que hacerlo manteniendo la alegría en nuestros corazones.

Como siempre lo he hecho, he contado mi historia de la manera más transparente posible. Con Sofía compartiré y le informaré tal cual como son las cosas, como lo estoy haciendo con ustedes que me están leyendo.

Nunca dudé de que la misma vida me iba a recompensar con cosas maravillosas.

Sofía leerá mi historia, y yo con humildad, le contaré

mi vida.

Gracias hija mía, por ser mi gran maestra y mi mayor aprendiz, por elegirme como tu madre y darme muchas más razones para vivir.

REFLEXIONES A MANERA DE
EPÍLOGO

Tengo debilidad por esta reflexión: "Nadie es más que nadie, todos merecemos una oportunidad para aprender, crecer y desarrollarnos. Hay que vivir y hacerlo en grande porque la vida es una sola y nosotros nos labramos nuestro propio destino. No importa venir de donde sea, si te lo propones te puedes comer el mundo y plasmar tus sueños, cumplirlos a cabalidad".

No estoy escribiendo mi historia para darles lástima, al contrario. Quiero que ustedes vean que todo el mundo tiene algo que contar; algunas cosas son buenas y otras no tanto. Aprendí que la gente no tiene defectos, son áreas por mejorar, por trabajar, y lo que no se te da, es porque no te pertenece. En ese sentido encapricharse con algo, es insano.

Igual les digo, valoren lo que tienen. A veces nosotros no le damos la importancia debida a lo que tenemos, no agradecemos estar bajo un techo donde dormir, tener comida para llevarnos a la boca, poder abrazar a unos padres. Valorar debe ser una constante.

Hay gente que ha llevado golpes en la vida y ha aprendido utilizando las herramientas para lo positivo. En cambio, hay otra que ha pasado por lo mismo, y todo su accionar es a través de la venganza. Esos no aprendieron y repiten la maldad que aplicaron en ellos.

Aquellas personas que vienen de la nada y empiezan a tener, deben sostenerse bien con los pies sobre la tierra, no olvidar su origen. Creo que muchas veces es preferible no tener nada y lograrlo, que nacer en la opulencia y después caer, eso debe ser un golpe terrible.

MI PERDÓN

 Todos en la vida hemos pasado por momentos duros, es parte del aprendizaje. Supone, además de ir superando obstáculos, sufrir un proceso interno individual que nos ayude a entender el comportamiento de las personas, sus formas, sus actitudes y el porqué de las cosas. Me costó darme cuenta de que no puedo cambiar a nadie. Luché para que me aceptaran, para que dejaran de tener prejuicios en mi contra, sin ni siquiera cruzar palabras conmigo. Luego comprendí que cada quien es dueño de sus actos, que cada quien elige lo que quiere y cómo lo quiere.

Recuerdo mi niñez entre el silencio. Crecí casi en ausencia de amor, de compresión, de justicia; a pesar de estar rodeada de mucha gente, era un pajarito solo en la grama, con deseos de volar y ser respetado.

Después, a lo largo de los años, se desarrolló una

transformación espiritual, en la que se fue limpiando el alma, y aprendí a dar gracias todos los días. Gracias por lo que me has dado, por permitirme soñar, por permitirme curar las heridas del corazón, que aunque esté lleno de cicatrices, se llevan con orgullo. Quienes compartieron conmigo parte de su tiempo, su hogar, su familia, dejaron una gran enseñanza.

Es un alivio haber perdonado al que me lastimó. Aprendí también a perdonarme por aguantar tanto, por postergar decir "no más". Pero así es la vida. Nadie nace con instrucciones, aunque sí nacemos con conciencia.

Hoy en día me siento una mujer completa, donde esos caminos de espinas quedaron en anécdotas. Estoy totalmente tranquila, sin arrepentimientos. Y que exista el perdón no significa que las personas tienen derecho a lastimarnos cuantas veces quieran. No guardo rencor, pero sí tengo memoria.

Elegí mi camino hacia la felicidad, y decidí ser LIBRE.

También a veces lloro, a veces dreno, a veces me entristecen las injusticias, me molesto cuando la gente hace bullying o quiere herir.

Mi respuesta a las agresiones es y será mi campaña #NoalBullying. En un post escribí: El mundo está tan desgastado, tan ausente de sensibilidad y valores, que muchos deciden hacerle daño a los demás por su peso, color de piel, por su preferencia sexual, por su ideología. Se meten hasta con los niños. No se dan cuenta del daño que hacen, no piensan que no todos tienen el temple de enfrentar las cosas en la vida y no les importa que muchos han terminado en suicidio.

Debemos respetar a los demás y ser cada día mejor. Vamos a aportar cosas positivas, demos ejemplo de respeto, de inclusión, de humildad, de tolerancia, de aceptación. Utilicemos las redes sociales para cosas útiles, para crecer, para compartir, para aprender, para enseñar, para ayudarnos.

Yo hoy digo #NoalBullying , #losninosserespetan. Demos lo mejor a nuestros hijos para que mañana sean grandes triunfadores y respeten a todo el mundo por igual porque todos merecen una oportunidad.

Es bueno ir como los caballos, tener una meta, pero no puedes olvidar lo que hay alrededor, lo que hay al lado, a quién estás dejando, con quién estás hablando, si estás maltratando, eso lo aprendí la señora Luzmila me lo inculcó, ella fue la que más me marcó porque fue quien me tuvo más tiempo, desde más pequeña.

Mis molestias o malos pensamientos los resuelvo peleando frente al espejo, y me digo: retrocede, mira todo lo que has logrado, de dónde vienes, ¿cuánta gente no tiene ni un par de zapatos? Y empiezo a recordar que muchos no tienen que comer, ni una casa. Agradece, me repito.

Humildad, paciencia y saber escuchar. Son tres herramientas personales a las que doy importancia en mi vida. También a la responsabilidad y la puntualidad. Muchos no saben lo que pueden ganar llegando 5 minutos antes, o lo que pueden perder llegando 5 minutos después.

Siempre soñé con tener una familia. Solía repetirme: "voy a tener una familia". A mi madre le di el beneficio de la duda, en el sentido de considerar que la gente se equivoca, que errar es de humanos, y que todo el mundo tiene derecho a una oportunidad. Amo mi rol de madre y esposa. De mayor me veo rodada de hijos y nietos.

Escribo mucho y me encanta compartirlo en las redes sociales. Son reflexiones, ideas, creo que la gente necesita de vez en cuando que le den un empujoncito.

No todos los días estoy feliz. Nadie lo está

Ahora llevo mi vida con mi hija, con mi esposo, y eso me hace sentir plena. Mi sueño además de tener mi otro bebé, y que mis hijos crezcan sanos y buenos, es tener mi escuela para niños sin etiquetas , sin prejuicios , donde haya inclusión , respeto y empatía para generar un buen entorno social.

A través de estas líneas he tratado de enviar un mensaje positivo que enseñe a partir de lo que he vivido, de las experiencias que he tenido, incluso de lo que observo en las redes sociales. Se pueden hacer críticas constructivas, sin herir.

Creo que no cambiaría nada en mi vida porque todo me ha ayudado a valorar las cosas, a saber bien los pasos que tengo que dar para mejorar cada día más. La soledad me enseñó a seguir, a nunca detenerme, a superarme y avanzar.

¿Si me hubiesen dado más amor, habría alcanzado lo que he logrado? ¿Cómo saberlo? No puedo cambiar la línea natural de mi camino, es imposible hacerlo. Lo que sí siento es un profundo agradecimiento a Dios, a mis guías y protectores, a mi vida, a los que me han dado su mano e incluso a quienes me la quitaron, por-

que me ayudaron a ser quien soy hoy. Cada quien decide si quiere vivir bajo odio y ser del mismo estilo que critica, o si quiere de verdad brindar amor y hacer el bien. El que quiere ser uno más del montón, es su decisión. ¿Quién tiene derecho a juzgar al otro? Porque no eres lo que logras eres lo que superas y eso tiene un gran merito.

Nací en un país lleno de multiplicidad de recursos, con el clima más espectacular del mundo, de gente trabajadora y guerrera que se levanta todos los días con pie firme ante la adversidad. Representar a Venezuela a nivel internacional es un orgullo; llevar su esencia, el gentilicio de un pueblo más allá de nuestras fronteras, es un honor, solo le pido a Dios que mi tierra alcance la paz, la tranquilidad y nuevamente la prosperidad y el progreso.

Nunca he sido de destilar veneno, aunque me lo pidan porque aprendí a ser una voz y no una víctima . Yo me mantendré en mi tarea de llevar una palabra positiva y de aliento a todo el que me sigue desde su amor y la humildad, reafirmando que el perdón nos hace libres. Cruzamos tiempos difíciles para procurar el rescate de un país, de sus valores, de su sentir. Vendrá el resurgir del ave fénix, victoriosa en las grandes batallas. El viento seguirá soplando para llevarse lo malo y traer lo bueno. Venezuela es grande, es fuerte. Siempre esteré orgullosa de pertenecer a este maravilloso tricolor. Del Táchira para Venezuela y el universo.

Veruzhka Ramirez.

MI ÚLTIMO MENSAJE AL LECTOR

Hay momentos en la vida que sientes que no puedes caer mas bajo, y cuando sigues en descenso te das cuenta que puedes realmente llegar a tocar fondo , pero como todo lo malo , siempre tiene un lado bueno , lo maravilloso de llegar a tu tope mínimo de vivencias erráticas y de maltratos , es que cuando llegas a ese fondo , siempre encontraras un apoyo para impulsarte como la espuma , es como saltar y saltar , hasta recomenzar. Recuerda la vida nos pone grandes pruebas y es nuestro deber superarlas con fuerza y con conciencia, cada quien decide que quiere y cómo lo quiere, solo ten la delicadeza de no herir a los demás, en este mundo hay espacio para todos , agradece desde el amor y la humildad por todas las bendiciones que tienes a tu alrededor, porque no es más feliz el que mucho tiene sino el que sabe vivir con lo que obtiene , perdónate y perdona para que seas libre .

DEDICATORIA

Agradezco a Dios y a todos mis guías y protectores por la salud y por las grandes bendiciones en mi camino. Dedico este libro a mi esposo Oscar, a mi hija Sofía y a todas las personas que se levantan todos los días en busca de un sueño y una oportunidad para seguir adelante, ¡Gracias! a todos los que formaron parte de esta historia.

La persistencia puede cambiar las derrotas en increíbles logros porque... **¿Quién dice que NO se puede?**

Made in the USA
Coppell, TX
07 May 2024

32093827R00157